Kulinarna Rewolucja w Mikrofali

Prosta Kuchnia dla Początkujących

Katarzyna Wojciechowska

zawartość

Paella 13
Paella z papryką 14
Kury amandynowe 15
Amandini z kurczaka z pomidorem i bazylią 16
kurnik 17
Kurczak w sosie śmietanowym z selerem 18
Kurczak w sosie śmietanowym z frytkami 18
Królewski kurczak 19
Król Turcji 20
Kurczak po królewsku z serem 20
Skróty z kurczaka à la King 20
Chudsza wątróbka drobiowa 21
Brwi z wątroby indyka Slimmers 22
Kurczak Tetrazzini 23
Zapiekanka z kurczakiem i mieszanką warzyw 24
Miodowy kurczak na ryżu 25
Kurczak z cytryną w białym sosie rumowym 26
Kurczak z pomarańczą w sosie koniakowym 27
Makaron baby z podudzia w sosie barbecue 28
Kurczak w meksykańskim sosie molowym 28
Skrzydełka z kurczaka w sosie barbecue z makaronem dla dzieci .. 30
Kurczak Jambalaya 30

Turcja Jambalaya 31
Kurczak Z Kasztanami 32
Gumbo Kurczak 33
Gumbo po turecku 35
Pierś z kurczaka z pomarańczowo-brązową pastą 35
Kurczak W Kremowym Sosie Paprykowym 36
Indyk w kremowym sosie pieprzowym 37
Leśny Kurczak 38
Kurczak Z Jabłkami I Rodzynkami 39
Kurczak Z Gruszkami I Rodzynkami 40
Kurczak Z Grejpfrutem 41
Kurczak po węgiersku i mix warzyw 42
kurczak po burgundzku 43
Placki z kurczaka 45
Frixi z kurczaka z winem 46
Ostatni kurczak 46
Coq au vin 47
wino grzybowe 48
Dostępna jest również cola 48
Wbudowane bębny dla zasięgu 49
Łowcy kurczaków 50
Podążaj za kurczakiem 51
Kurczak Marengo 51
Kurczak dnia 52
kapitan 53
Kurczak w sosie pomidorowo-kaparowym 55
papryka z kurczaka 57

Odcienie orientalnych kurczaków 59
Nasza Wysokość 61
Stek z indyka 62
Hiszpania Turcja 63
tureckie tacos 64
Naleśnikowe Tacos 65
Chleb z indyka 66
Curry z indyka z Madrasu 67
Owocowe curry z owocami 68
Ciasto z chleba i masła z indyka 69
Indyk i ryż z farszem 71
Pomarańczowy Kasztan Glazurowany Indyk 72
słodko-kwaśna kaczka 73
Kaczka po kantońsku 74
Kaczka z sosem pomarańczowym 75
Kaczka po francusku 76
Pieczenie kości i smażenie kawałków mięsa 79
Słodko-kwaśna wieprzowina z pomarańczą i cytryną 80
Mięso to mięso 81
Plac z indykiem i kiełbasą 82
Ubierz polędwicę wieprzową 82
Hawajski pierścionek z wieprzowiną i ananasem 83
Zapiekanka hawajska z boczkiem i ananasem 84
Szynka świąteczna 85
Przeszklony zamek Gammona 86
Paella z hiszpańskim salami 87
Klopsiki po szwajcarsku 87

Pieczona wieprzowina z ciasteczkami 88
Pieczona wieprzowina z miodem 89
Wieprzowina z czerwoną kapustą 89
Wieprzowina po rumuńsku 90
Danie z wieprzowiny i warzyw 91
Chili wieprzowina 92
Wieprzowina z chutneyem i mandarynką 93
Żeberka na grillu. 94
Cykoria zawijana w szynkę w sosie serowym 95
Żeberka wieprzowe w lepkim pomarańczowym sosie barbecue 97
Pudding ze steków i grzybów 98
Mleko stekowe i nerkowe 100
Stek i budyń z kasztanów 100
Uprażyć orzechy i posolić zupę 101
Południowoamerykańskie „ciasto mięsne". 101
Brazylijski placek mięsny z jajkami i oliwkami 102
Kanapka Rubena 102
Wołowina Chow Mein 103
Wołowina Sue 103
Ciesz się bakłażanem i wołowiną 103
Pasztet curry 105
Włoskie pulpety 106
Szybkie pierogi z papryką 107
Stek z ziołami 108
Stek z ciecierzycy po malezyjsku z kokosem 109
Szybki stek i bułki majonezowe 110
Stek duszony w czerwonym winie 111

płaska woda 113
Jest marynowany w mieszance warzyw, pomidorów i ziół 114
Bliskowschodni sos tahini z bakłażana... 115
Turecki migdał 116
greckie zanurzenie 117
Cau bagno.. 118
do widzenia 119
Koktajl Solone Grzyby 121
Pieczony bakłażan faszerowany jajkiem i orzeszkami pinii.......... 122
Pieczarka grecka.. 123
Winegret z karczocha.. 124
Sałatka Caesar 125
Holenderska cykoria z jajkiem i masłem 126
Majonez z jajkami 127
Jajka Z Majonezem Skordalia... 128
Scotch Woodcock 129
Jajka ze szwedzkim majonezem.. 130
Sałatka Z Fasoli Tureckiej 131
Sałatka Z Fasoli Z Jajkami 132
Porady dotyczące puli.. 133
Garnki 134
Jajecznica Z Awokado 134
Awokado faszerowane pomidorem i serem................................... 135
Skandynawska sałatka z roladkami i jabłkami 136
Mop z sosem curry i sałatką jabłkową... 138
Sałata z kozim serem i ciepłym dressingiem................................. 139
Galaretowe Lody Pomidorowe 139

Nadziewane pomidory 140
Włoskie faszerowane pomidory 141
Kubki do sałatek z pomidorów i kurczaka 143
Jajka i posiekana cebula 144
Quiche Lorraine 145
Ser i pomidor 146
Mieszamy z wędzonym łososiem 147
Naleśnik jest krótki 147
szpinak 147
Morze Śródziemne 147
Quiche ze szparagami 148
Pęknięta nakrętka 150
Orzechy z brazylijskim curry 151
Niebieski ser i pekan 152
Bogata wątroba 154
Gorąca słona zupa z kraba 155
Lekka orientalna zupa 157
Zupa z wątroby 158
Zupa krem z marchwi 159
Zimna Zupa Marchewkowo-Owsianka 160
Zupa Z Marchewki I Kolendry 161
Marchewka z zupą pomarańczową 161
Kremowa Zupa Sałatkowa 162
Zupa z zielonej zupy 163
zupa pietruszkowo-pietruszkowa z wasabi 163
Zupa ziemniaczana 164
Zupa krem z warzyw 164

Zupa z zielonego groszku 165
Zupa dyniowa 166
Zupa krem z grzybów 166
Zupa Krem Z Dyni 166
zupa kokosowa 167
Zupa Zupa 168
Zupa izraelska z kurczakiem i awokado 169
Zupa Awokado Z Surową Wołowiną 170
Zupa 170
zimny barszcz 171
zimny barszcz 172
Pomarańczowa Zupa Kukurydziana 172
  Pomarańczowa zupa kukurydziana z serem i prażonymi orzechami nerkowca 173
zupa kukurydziana z dodatkiem pomidorów 174
Zupa z żółtego groszku 174
Francuska zupa cebulowa 175
Włoska zupa jarzynowa 176
Minestrone Genovese 177
Włoska zupa ziemniaczana 178
Zupa ze świeżych pomidorów i selera 179
zupa pomidorowa z sosem z awokado 180
Zimna zupa serowo-cebulowa 181
Szwajcarska zupa serowa 182
Zupa Avgolemono 183
Zupa krem z ogórków z pastis 184
Zupa Curry Z Ryżem 185

sos vichy.. 186
Zimna zupa ogórkowa z jogurtem................................... 187
Chłodzona Zupa Szpinakowa Z Jogurtem 188
Chłodzona Zupa Pomidorowa Z Szeryfem........................ 189
Wędka z Nowej Anglii.. 190
zupa krabowa... 191
Zupa z kraba i cytryny 192
Herbatniki z homarem 192
Zupa z suchej paczki 193
Zupy w puszkach 193
Podgrzej zupy... 193
Podgrzej jajka do gotowania 194
Jajka sadzone... 194
Jajka na twardo (smażone)... 195
Parada fajek... 196
Czarny pieprz z baleronem 197
Parada fajek... 197
Jaja po florencku 198
Jajko Rossiniego 199
Tak 199
Klasyczny omlet 201
Pyszne tortille 202
Omlet na śniadanie 203
Jajka w koszulkach z topionym serem............................ 204
Jaja Benedykta 204
Omlet Arnolda Bennetta 205
Tortilla 206

Hiszpańska tortilla z mieszanką warzyw 206
Hiszpańska tortilla z szynką 207
Serowe Jajka W Sosie Selerowym 208
Fu unung jaja 209
Omlet z pizzą 210
Omlet z mlekiem 210
Rumops z Erykiem 211
Kiper gotowany 212
Krewetki Madrasah 214
Jest gotowany z sosem martini 216

Paella

Drzwi 6

1 kg piersi z kurczaka bez kości
30 ml / 2 łyżki oliwy z oliwek
2 cebule, posiekane
2 ząbki czosnku, drobno posiekane
1 zielona papryka (olej), pozbawiona nasion i posiekana
225 g/8 uncji/1 szklanka ryżu do risotto
1 opakowanie proszku szafranowego lub 5 ml/1 łyżeczka kurkumy
175 g/1½ szklanki mrożonej ciecierzycy
4 pomidory, obrane i pozbawione nasion
225 g gotowanych małży
75 g / 3 uncje / ¾ szklanki posiekanej szynki
125 g / 4 uncje / 1 szklanka krewetek (krótkie)
600 ml/porcję 1/2 ½ szklanki wrzącej wody
7,5-10 ml / 1½ - 2 łyżeczki soli
Dodaj gotowane małże, gotowane małże i ćwiartki cytryny do dekoracji

Umieścić kurczaka na krawędzi naczynia do pieczenia o średnicy 25 cm/10 (piec holenderski), robiąc w środku otwór. Przykryć folią spożywczą (plastik), aby umożliwić ujście pary i przekroić na pół. Gotuj przez 15 minut. Odcedź płyn i odstaw. Kurczaka pokroić na kawałki. Umyj i osusz płytkę. Dodaj olej na patelnię i podgrzewaj przez 1 minutę. Wmieszaj cebulę, czosnek i zieloną paprykę. Gotuj na pełnym ogniu przez 4 minuty. Dodaj wszystkie pozostałe składniki, w tym kurczaka i zarezerwowany alkohol, i dobrze wymieszaj. Przykryj jak poprzednio i piecz przez 20 minut, obracając patelnię trzy razy. Piecz przez 10 minut, następnie piecz przez kolejne 5 minut. Na wierzchu ułóż małże, małże i ćwiartki cytryny i udekoruj.

Paella z papryką

Drzwi 6

Przygotuj paellę, w razie potrzeby odrzucając muszle i inne skorupiaki, udekoruj ćwiartkami cytryny i paczką 200 g krótkiej papryki pokrojonej w paski i dodatkową ciecierzycą.

Kury amandynowe

nosisz 4

Tradycyjny północnoamerykański przepis na kruche ciasteczka.

4 kurczaki (kurczak), ok. 450g/1lb każdy
300 ml/10 fl oz/1 puszka skondensowanej śmietany zupy grzybowej
150 ml/¼ pt/2/3 szklanki średnio wytrawnej sherry
1 cebula czosnek, posiekana
90 ml / 6 łyżek prażonych mielonych migdałów (pokrojonych).
175 g/6 uncji/¾ szklanki brązowego ryżu, ugotowanego
brokuły

Umieść zupę piersiami do dołu w jednej warstwie w dużym, głębokim naczyniu nadającym się do kuchenek mikrofalowych. Przykryć folią spożywczą (plastik), aby umożliwić ujście pary i przekroić na pół. Piec przez 25 minut, obracając patelnię cztery razy. Teraz obróć kurczaka tak, aby był piersiami do góry. Zdeglasować bulion z sherry i dowolny rosół z kurczaka. Wmieszać czosnek. Polej kurczaka. Przykryj jak poprzednio i gotuj przez 15 minut, obracając patelnię trzy razy. Pozostaw na 5 minut. Przenieś kurczaka na gorące talerze i polej sosem. Posypać migdałami i podawać z ryżem i brokułami.

Amandini z kurczaka z pomidorem i bazylią

nosisz 4

Zrób kurczaka Amandine, ale zupę grzybową zastąp skondensowanym kremem pomidorowym i marsala sherry. Pod koniec gotowania dodać 6 porwanych listków bazylii.

kurnik

nosisz 4

Kolejna prosta północnoamerykańska specjalność, zwykle przygotowywana z brokułów.

1 duży brokuł, ugotowany
25 g / 1 uncja / 2 łyżki masła lub margaryny
45 ml/3 łyżki mąki zwykłej (uniwersalnej).
150 ml/¼ szt./2/3 szklanki gorącego bulionu drobiowego
150 ml/¼ łyżeczki/2/3 szklanki śmietanki (jasnej).
50 g/½ szklanki czerwonego sera Leicester, startego
30 ml / 2 łyżki wytrawnego białego wina
5 ml/1 porcja musztardy
225 g/8 uncji/2 szklanki gotowanego kurczaka, rozdrobnionego
Sól
orzeszki ziemne
45 ml / 3 łyżki startego parmezanu
pieprz

Brokuły podzielić na różyczki i wlać trochę oleju do miski o średnicy 25 cm. Podgrzej masło lub margarynę na osobnej patelni, aż się zagotuje, 45-60 sekund. Mieszamy i powoli wlewamy gorący bulion i śmietankę. Gotuj przez 4-5 minut, mieszając co minutę, aż zgęstnieje i zgęstnieje. Dodaj czerwone Leicester, wino, musztardę i kurczaka. Dodaj sól i gałkę muszkatołową do smaku. Sosem polać brokuły. Posypać parmezanem i papryką. Przykryć folią spożywczą (plastik), aby umożliwić ujście pary i przekroić na pół. Podgrzewaj makaron przez 8-10 minut, aż się rozpuści.

Kurczak w sosie śmietanowym z selerem

nosisz 4

Z kurczaka przygotuj zupę, ale brokuły możesz zastąpić 400g/14 uncji/1 sercem selera. (Płyn w słoiku można zachować do innych przepisów.)

Kurczak w sosie śmietanowym z frytkami

nosisz 4

Przygotuj jak kanapkę z kurczakiem, ale z serem i pieprzem na wierzchu. Zamiast tego posyp 1 małą torebkę chipsów ziemniaczanych.

Królewski kurczak

nosisz 4

Kolejny amerykański import i innowacyjny sposób na wykorzystanie resztek kurczaka.

40 g / 1½ uncji / 3 łyżki masła lub margaryny
40 g / 1½ uncji / 1½ łyżki (uniwersalnej) mąki.
300 ml/½ łyżeczki/1¼ szklanki gorącego bulionu z kurczaka
60 ml / 4 łyżki śmietanki kremówki (gęstej).
1 czerwona papryka z puszki, cienko pokrojona
200g/7oz/arr 1 szklanka pokrojonych w plastry pieczarek z puszki, odsączonych
Sól i świeżo mielony czarny pieprz
350 g / 12 uncji / 2 szklanki gotowanego kurczaka, rozdrobnionego
15 ml/1 łyżka średnio wytrawnego sherry
Świeże tosty do podania

Umieść masło lub margarynę w rondlu o pojemności 1,5 kwarty/2½ kwarty/6 filiżanek (piekarnik holenderski). Podgrzewać bez przykrycia w piekarniku przez 1 minutę. Wsyp mąkę, a następnie stopniowo dodawaj bulion i śmietanę. Doprowadzić do wrzenia na dużym ogniu przez 5-6 minut, aż zgęstnieje, mieszając co minutę. Dodaj wszystkie pozostałe składniki i dobrze wymieszaj. Przykryć talerzem i podgrzewać maksymalnie 3 minuty. Odstaw tosty na 3 minuty przed podaniem.

Król Turcji

nosisz 4

Przygotuj jak Chicken à la King (powyżej), ale zastąp kurczaka gotowanym indykiem.

Kurczak po królewsku z serem

nosisz 4

Przygotuj kurczaka à la King (powyżej), ale po podgrzaniu przez 3 minuty posyp 125g/1 szklanka startego czerwonego sera Leicester. Podgrzewaj na pełnym ogniu przez kolejne 1-1 1/2 minuty, aż ser się rozpuści.

Skróty z kurczaka à la King

nosisz 4

Przygotuj kurczaka à la King. Przed podaniem przykryj 4 zwykłe lub duże herbatniki serowe i ułóż ich spody na czterech ciepłych talerzach. Przykryć mieszanką z kurczaka i przykryć. Zjedz na gorąco.

Chudsza wątróbka drobiowa

nosisz 4

Niskotłuszczowe, niskoskrobiowe danie główne podawane jest z brokułami lub kapustą zamiast ziemniaków.

15 ml / 1 łyżka oliwy z oliwek lub oleju słonecznikowego
1 czerwona papryka (bez pestek i cienko pokrojona)
1 duża marchewka, pokrojona w cienkie plasterki
1 duża cebula, cienko pokrojona
2 duże łodygi selera pokrojone ukośnie w cienkie plasterki
450 g wątróbki drobiowej, pokrojonej na małe kawałki
10 ml/2 części mąki kukurydzianej (mąka kukurydziana)
4 duże pomidory, obrane, pozbawione nasion i grubo posiekane
Sól i świeżo mielony czarny pieprz

Umieść masło w naczyniu żaroodpornym o pojemności 1,75 qt / 3 pt / 7½ szklanki (piekarnik holenderski). Wmieszaj przygotowane warzywa i gotuj bez przykrycia na dużym ogniu przez 5 minut, dwukrotnie mieszając. Dodaj wątrobę do warzyw i gotuj na wysokich obrotach przez 3 minuty, od czasu do czasu mieszając. Wymieszaj z kukurydzą, pomidorami i przyprawami do smaku. Przykryć folią spożywczą (plastik), aby umożliwić ujście pary i przekroić na pół. Gotuj przez 6 minut, raz obracając.

Brwi z wątroby indyka Slimmers

nosisz 4

Przygotuj się na gotowanie wątróbki drobiowej Slimmers, ale zastąp wątróbkę drobiową wątróbką z indyka.

Kurczak Tetrazzini

nosisz 4

175 g/1½ szklanki makaronu, krótkiego
300 ml/10 fl oz/1 puszka skondensowanej śmietany z kurczaka lub zupy grzybowej
150 ml/¼ pt./2/3 szklanki mleka
225 g pokrojonych pieczarek
350 g / 12 uncji / 2 szklanki ugotowanego na zimno kurczaka, rozdrobnionego
15 ml/1 łyżka soku z cytryny
50 g/2 oz/¾ szklanki płatków migdałowych (pokrojonych).
1,5 ml/¼ łyżeczki orzeszków ziemnych
75g / 3 uncje / ¾ szklanki sera cheddar, drobno startego

Gotować makaron według wskazówek na opakowaniu. rysować Wlej zupę do wysmarowanej tłuszczem formy do pieczenia o pojemności 1,75 kwarty / 3 kwarty / 7½ filiżanki. Musisz zagotować mleko. Gotuj na dużym ogniu, aż delikatnie bulgocze, około 5 do 6 minut. Wymieszaj wszystkie składniki oprócz makaronu i sera. Przykryć folią spożywczą (plastik), aby umożliwić ujście pary i przekroić na pół. Gotuj przez 12 minut, obracając patelnię trzy razy. Posypać serem. Konwencjonalny gorący grill (grill).

Zapiekanka z kurczakiem i mieszanką warzyw

nosisz 4

4 duże pieczone ziemniaki, cienko pokrojone
3 gotowane marchewki, cienko pokrojone
125 g/1 szklanka ugotowanej ciecierzycy
125 g/4 uncje/1 szklanka ugotowanej słodkiej kukurydzy
4 kawałki kurczaka po 225 g, ze skórą
300 ml/10 fl oz/1 puszka Selerowa Kondensowana Śmietana lub inny smak
45 ml / 3 łyżki średnio wytrawnej sherry
30 ml / 2 łyżki śmietany (jasnej).
1,5 ml / ¼ łyżeczki mielonych orzechów włoskich
75 g/3 oz/1¼ szklanki kukurydzy, mielonej

Na dnie wysmarowanego tłuszczem naczynia o średnicy 25/10 cm ułożyć plastry ziemniaków i marchewki. Wlej ciecierzycę i słodzone skondensowane mleko i dodaj kurczaka. Przykryć folią spożywczą (plastik), aby umożliwić ujście pary i przekroić na pół. Gotuj przez 8 minut, obracając patelnię cztery razy. Zupę zmiksować z pozostałymi składnikami oprócz płatków kukurydzianych. Ułożyć na kurczaku. Przykryj jak poprzednio i gotuj przez 11 minut, dwukrotnie obracając patelnię. Pozostaw na 5 minut. Wyjąć i posypać kolbę kukurydzy przed podaniem.

Miodowy kurczak na ryżu

nosisz 4

25 g / 1 uncja / 2 łyżki masła lub margaryny
1 duża cebula, posiekana
6 kawałków szarpanej wieprzowiny (w plastrach), posiekanych
75 g/3 oz/1/3 szklanki lekko ugotowanego ryżu długoziarnistego
300 ml/½ łyżeczki/1 ¼ szklanki gorącego bulionu z kurczaka
Nowa lokalizacja to Black Pepper
4 piersi z kurczaka, 175 g/6 uncji każda
Drobno starta skórka i sok z 1 pomarańczy
30 ml / 2 łyżki czystego ciemnego miodu
5 ml/1 papryka
5 ml/1 porcja sosu Worcestershire

Umieść masło lub margarynę w głębokim naczyniu o średnicy 20 cm / 8 cm. Gotować przez 1 minutę. Wymieszaj cebulę, wieprzowinę, ryż, zupę i pieprz do smaku. Umieść pierścień na wierzchu kurczaka. Dodaj skórkę i sok z pomarańczy, miód, paprykę i sos Worcestershire. Odłóż połowę kurczaka. Przykryć folią spożywczą (plastik), aby umożliwić ujście pary i przekroić na pół. Gotuj przez 9 minut, obracając patelnię trzy razy. szukać Posmaruj kurczaka pozostałą mieszanką miodu. Gotuj na pełnym ogniu przez 5 minut. Pozostaw na 3 minuty przed podaniem.

Kurczak z cytryną w białym sosie rumowym

nosisz 4

25 g / 1 uncja / 2 łyżki masła lub margaryny
10 ml / 2 łyżki oleju kukurydzianego lub słonecznikowego
1 por, bardzo cienko pokrojony
1 cebula czosnek, posiekana
75 g / 3 uncje / ¾ szklanki chudej szynki, posiekanej
675 g małej piersi z kurczaka, pokrojonej na małe kawałki
3 pomidory, obrane, pozbawione nasion i grubo posiekane
30ml/2 łyżki białego rumu
5 cm/2 paski skórki z cytryny
1 słodki sok pomarańczowy
Sól
150 ml/¼ pt/2/3 szklanki jogurtu naturalnego
zbiornik (opcjonalnie)

Umieść masło lub margarynę i olej w piekarniku o średnicy 23 cm (piekarnik holenderski). Włącz ogrzewanie na 1 minutę. Wymieszaj cebulę, czosnek i mąkę. Zamieszaj dwukrotnie i gotuj na pełnym ogniu przez 4 minuty. Wmieszać kurczaka. Przykryć talerzem i gotować przez 7 minut, dwukrotnie obracając talerz. Dodaj wszystkie składniki oprócz jogurtu i wody, jeśli używasz. Przykryć folią spożywczą (plastik), aby umożliwić ujście pary i przekroić na pół. Gotuj przez 8 minut, obracając patelnię cztery razy. szukać Połącz jogurt z odrobiną płynu i polej kurczaka, aż będzie gładki i kremowy. Podgrzewać przez 1½ minuty. Wyrzuć skórkę z cytryny. Ozdobiona zbiornikiem,

Kurczak z pomarańczą w sosie koniakowym

nosisz 4

Zrób ten sam przepis na kurczaka w sosie z białego rumu i cytryny, ale zastąp brandy kawałkami rumu i cytryny. Użyj 60 ml / 4 łyżki piwa imbirowego zamiast soku pomarańczowego.

Makaron baby z podudzia w sosie barbecue

nosisz 4

900g/2lb udka z kurczaka
2 cebule, posiekane
2 cebule, posiekane
30 ml / 2 łyżki musztardy
2,5 ml/½ łyżeczki papryki
5 ml/1 porcja sosu Worcestershire
400 g / 14 oz / 1 duży pomidor, posiekany w soku pomidorowym
125 g/1 szklanka dowolnego drobnego makaronu
7,5 ml / 1½ łyżeczki soli

W głębokim naczyniu o średnicy 25 cm / 10 ułożyć kości do środka, jak krąg pałeczkami. Przykryć folią spożywczą (plastik), aby umożliwić ujście pary i przekroić na pół. Gotuj przez 8 minut, obracając patelnię trzy razy. W międzyczasie włóż warzywa do miski i wymieszaj pozostałe składniki. Wyjmij kurczaka z kuchenki mikrofalowej i wlej soki z kurczaka do mieszanki warzywnej. Dobrze wymieszaj. łyżka po łyżce Przykryj jak poprzednio i gotuj przez 15 minut, obracając patelnię trzy razy. Pozostaw na 5 minut przed podaniem.

Kurczak w meksykańskim sosie molowym

nosisz 4

4 piersi z kurczaka, 175 g/6 uncji każda, ze skórą

30 ml / 2 łyżki oleju kukurydzianego

1 duża cebula, cienko pokrojona

1 zielona papryka (olej), pozbawiona nasion i posiekana

1 cebula czosnek, posiekana

30 ml / 2 łyżki zwykłej (uniwersalnej) mąki.

3 kraby

1 liść rzepy

2,5 ml/łyżkę mielonego cynamonu

5 ml/1 porcja soli

150 ml/¼ pt/2/3 szklanki soku pomidorowego

50 g/½ szklanki zwykłej (półsłodkiej) czekolady, połamanej na kawałki

175 g/6 uncji/¾ szklanki długo gotowanego ryżu

15 ml / 1 łyżka oleju czosnkowego

Umieścić kurczaka w naczyniu o głębokości 20 cm. Przykryć folią spożywczą (plastikową), aby ulotniła się para i przekroić na pół. Doprowadzić do pełnego wrzenia przez 6 minut. Odstawić na czas przygotowywania sosu. podgrzewać niesolone masło przez 1 minutę Wymieszać cebulę, zieloną paprykę i czosnek Wymieszać 2 razy i smażyć na pełnym ogniu przez 3 minuty Dodać mąkę, następnie seler, liść laurowy, cynamon, sól i sok pomidorowy Smażyć na dużym ogniu przez 4 minut, mieszając co minutę. Wyjąć z kuchenki mikrofalowej. Dodać czekoladę i dobrze wymieszać. Gotować na wysokich obrotach przez 30 sekund. Wyjąć kurczaka i zalać ostrym sosem. Przykryć jak poprzednio i gotować przez 8 minut. Odstawić na 5 minut. Podawać z ryżem i olejek czosnkowy.

Skrzydełka z kurczaka w sosie barbecue z makaronem dla dzieci

nosisz 4

Zrób nogi w sosie zupy z makaronem dla dzieci, ale zastąp skrzydełka z kurczaka.

Kurczak Jambalaya

3-4 posiłki

Danie z Luizjany, to pyszne danie z ryżu i kurczaka jest krewnym paelli.

2 piersi z kurczaka

50 g masła lub margaryny

2 duże cebule, posiekane

1 czerwona papryka (olej), pozbawiona nasion i posiekana

4 cebule, posiekane

2 ząbki czosnku, drobno posiekane

225 g / 8 uncji / 1 szklanka lekko ugotowanego ryżu długoziarnistego

400 g / 14 oz / 1 duży pomidor, posiekany w soku pomidorowym

10-15ml / 2-3 łyżki soli

Umieść kurczaka obok naczynia o głębokości 25 cm. Przykryj folią spożywczą (plastikową), aby ulotniła się para, i przekrój na pół. Gotuj przez 7 minut. Odstaw na 2 minuty. Przenieś kurczaka na talerz i rozdrobnij.Wlej soki z kurczaka do garnka i odstaw..Patelnię oczyść i osusz,wlej olej i pozwól mu się stopić na wysokim poziomie przez 1,5 minuty.Wymieszaj z zarezerwowanym płynem, kurczakiem, gotowanymi warzywami, czosnkiem, ryżem i pomidorami. Doprawić solą do smaku.Przykryć jak poprzednio i gotować na pełnym ogniu przez 20-25 minut, aż ziarna ryżu wyschną.Odstawić na 5 minut, wymieszać widelcem i od razu podawać.

Turcja Jambalaya

3-4 posiłki

Przygotuj jak Chicken Jambalaya, ale zastąp indyka kurczakiem.

Kurczak Z Kasztanami

nosisz 4

25 g / 1 uncja / 2 łyżki masła lub margaryny
2 duże cebule, obrane i starte
430g/15oz/1 duże niesłodzone puree z kasztanów
2,5ml/łyżkę soli
4 piersi z kurczaka bez skóry, 175 g/6 uncji każda

3 pomidory, zmiksowane, obrane i pokrojone w plasterki

30 ml / 2 łyżki posiekanej natki pietruszki

Podawać z czerwoną kapustą i gotowanymi ziemniakami

Umieść masło lub margarynę w naczyniu o głębokości 20/8 cm. Po otwarciu pozwól makaronowi rozpuścić się w ciągu 1,5 minuty. Mieszamy z cebulą. Gotuj na pełnym ogniu przez 4 minuty. Dodaj łyżkę puree z kasztanów i sól, dobrze wymieszaj i dobrze wymieszaj cebulę. Rozłóż równą warstwę na dnie talerza i umieść pierś z kurczaka na wierzchu, aż do krawędzi talerza. Udekoruj plasterkami pomidora i pietruszką. Przykryć folią spożywczą (plastik), aby umożliwić ujście pary i przekroić na pół. Gotuj przez 15 minut, obracając patelnię trzy razy. Pozostaw na 4 minuty. Podawać z czerwoną kapustą i ziemniakami.

Gumbo Kurczak

Drzwi 6

Mieszanka zupy i gulaszu, gumbo to południowa wygoda i jeden z najlepszych produktów eksportowych Luizjany. Dania główne to okra i kapusta, słodkie warzywa, przyprawy, rosół i kurczak.

50g/2oz/¼ szklanki masła

50g/2oz/½ szklanki zwykłej (uniwersalnej) mąki.

900 ml / 1 ½ sztuki / 3¾ szklanki gorącego bulionu

350 g / 12 uncji okra (damskie palce), z ogonkami lub bez

2 duże cebule, cienko pokrojone

2 ząbki czosnku, drobno posiekane

2 duże łodygi selera, cienko pokrojone

1 zielona papryka (olej), pozbawiona nasion i posiekana

15-20 ml / 3-4 łyżeczki soli

10 ml / 2 łyżki kolendry (kolendry)

5 ml/1 porcja kurkumy

- Uniwersalne 5-10 ml / 1-2 łyżeczki

30 ml / 2 łyżki soku z cytryny

2 liście zwoju

5-10 ml / 1-2 łyżki sosu chilli

450 g gotowanego, rozdrobnionego kurczaka

175 g/6 uncji/¾ szklanki długo gotowanego ryżu

Umieść masło w rondlu o pojemności 2,5 kwarty / 4,5 kwarty / 11 filiżanek (piekarnik holenderski). Włącz ogrzewanie na 2 minuty. mieszać. Piec przez 7 minut, mieszając co minutę, aż ciasteczka będą dobrze wypieczone i jasnobrązowe. Stopniowo wlewać gorący bulion. Pokrój każdą okrę na osiem kawałków i dodaj do garnka ze wszystkimi składnikami oprócz kurczaka i ryżu. Przykryć folią spożywczą (plastik), aby umożliwić ujście pary i przekroić na pół. Gotuj przez 15 minut. Wmieszać kurczaka. Przykryj jak poprzednio i gotuj przez 15 minut. Pozostaw na 5 minut. Miski wymieszać z zupą i odstawić. Do każdego dodać kawałek ryżu.

Gumbo po turecku

Drzwi 6

Przygotuj jak Kurczak Gumbo, ale zastąp gotowanego indyka.

Pierś z kurczaka z pomarańczowo-brązową pastą

nosisz 4

60 ml/4 łyżki marmolady pomarańczowej (z puszki) lub drobno posiekanej
15 ml/1 łyżka octu słodowego
15ml/1 łyżka sosu sojowego
1 cebula czosnek, posiekana

2,5 ml/łyżkę mielonego imbiru
7,5 ml / 1 ½ łyżki skrobi kukurydzianej (kukurydzianej)
4 piersi z kurczaka po 200 g, ze skórą
Chińskie gotowe jedzenie

Wymieszaj wszystkie składniki oprócz kurczaka i bułki tartej w małej misce. Pełne ciepło i nieotwarte przez 50 sekund. Umieść piersi z kurczaka w naczyniu o średnicy 20 cm / głębokości 8 cm. Dodaj połowę ciasta. Przykryć talerzem i gotować przez 8 minut, dwukrotnie obracając talerz. Odwróć piersi i posmaruj pozostałym olejem. Przykryj jak poprzednio i gotuj przez kolejne 8 minut. Pozostaw na 4 minuty i podawaj z chińskim jedzeniem.

Kurczak W Kremowym Sosie Paprykowym

Drzwi 6

25 g / 1 uncja / 2 łyżki masła lub margaryny
1 mała cebula, cienko pokrojona
4 piersi z kurczaka
15 ml/1 łyżka mąki kukurydzianej (skrobi kukurydzianej)
30 ml / 2 łyżki zimnej wody
15 ml / 1 łyżka przecieru pomidorowego (pasta)
20-30 ml / 4-6 łyżek papryczek chilli z Madagaskaru w butelkach lub puszkach
150 ml / ¼ pt / 2/3 szklanki śmietanki (mleka).
5 ml/1 porcja soli
275 g/10 uncji/1 ¼ szklanki długo gotowanego ryżu

Umieść masło lub margarynę w naczyniu o głębokości 20 cm/8 cali. 45-60 sekund bez roztapiania, bez przykrycia. Dodaj cebulę. Gotuj na pełnym ogniu przez 2 minuty. Pierś z kurczaka pokroić w poprzek włókien na paski o szerokości 2,5 cm. Dobrze wymieszaj masło i cebulę. Przykryć folią spożywczą (plastik), aby umożliwić ujście pary i przekroić na pół. Gotuj przez 6 minut, obracając patelnię trzy razy. W międzyczasie ostrożnie wymieszaj kukurydzę z zimną wodą. Resztę składników poza ryżem wymieszać. Wymieszaj kurczaka i cebulę, dociskając mieszankę do brzegów naczynia, pozostawiając trochę miejsca na środku. Przykryj jak poprzednio i gotuj przez 8 minut, obracając patelnię cztery razy. Pozostaw na 4 minuty. Przed podaniem wymieszać z ryżem.

Indyk w kremowym sosie pieprzowym

Drzwi 6

Zrób ten sam kremowy sos chili z kurczakiem, ale zastąp kurczaka indykiem.

Leśny Kurczak

nosisz 4

4 ćwiartki kurczaka bez skóry, 225 g/8 uncji każda
30 ml / 2 łyżki oleju kukurydzianego lub słonecznikowego
175 g/6 uncji chudego kotleta wieprzowego (pokrojonego w kostkę),
pokrojonego w plastry
1 cebula, posiekana
175g pieczarek pokrojonych w plasterki
300 ml / ½ szt. / 1¼ szklanki suszonych pomidorów (passaty)
15 ml/1 łyżka brązowego octu
15 ml/1 łyżka soku z cytryny
30 ml / 2 łyżki jasnego brązowego cukru
5 ml / 1 łyżka przygotowanej musztardy

30 ml/2 łyżki sosu Worcestershire
Posiekane liście kolendry do dekoracji

Umieść kurczaka na boku naczynia do pieczenia o średnicy 25 cm (piekarnik holenderski). Przykryć folią spożywczą (plastik), aby umożliwić ujście pary i przekroić na pół. Wlej bulion do osobnej miski i podgrzewaj bez przykrycia przez 1 minutę. Dodać boczek, cebulę i pieczarki. Gotuj na pełnym ogniu przez 5 minut. Wymieszaj wszystkie pozostałe składniki. Gotuj kurczaka całkowicie przykryte przez 9 minut, dwukrotnie obracając. Przykryj mieszanką warzyw i udekoruj. Przykryj jak poprzednio i gotuj przez 10 minut, obracając patelnię trzy razy. Pozostaw na 5 minut. Przed podaniem posypać kolendrą.

Kurczak Z Jabłkami I Rodzynkami

nosisz 4

25 g / 1 uncja / 2 łyżki masła lub margaryny
900 g udek z kurczaka
2 cebule, posiekane
3 jabłka kola, obrane i pozbawione gniazd nasiennych
30 ml / 2 łyżki z rodzynkami
1 ząbek czosnku, drobno posiekany
30 ml / 2 łyżki zwykłej (uniwersalnej) mąki.
250 ml / 8 fl oz / 1 szklanka z barwnikiem
2 kostki wołowe
2,5 ml/łyżkę suszonego tymianku
Sól i świeżo mielony czarny pieprz

30 ml / 2 łyżki posiekanej natki pietruszki

Umieść masło lub margarynę na patelni o średnicy 25 cm (piekarnik holenderski). Odkrywać podczas topienia przez 1-1 ½ minuty. Dodaj kurczaka. Przykryć folią spożywczą (plastik), aby umożliwić ujście pary i przekroić na pół. Gotuj przez 8 minut. Przykryj i odwróć kurczaka. Przykryj jak poprzednio i gotuj przez kolejne 7 minut. Przykryć i wrzucić cebulę, jabłko, rodzynki i czosnek. Powoli wmieszaj czosnek, a następnie resztę marchewki. Sos pokroić, dodać ciasto i posmakować. Polej kurczaka. Przykryj jak poprzednio i gotuj przez 8 minut, aż płyn zacznie bulgotać i lekko zgęstnieje. Pozostaw na 5 minut. Przykryć i posypać natką pietruszki.

Kurczak Z Gruszkami I Rodzynkami

nosisz 4

Zrób ten sam przepis na kurczaka z jabłkami i rodzynkami, ale zastąp jabłka gruszką i ciemnym cydrem.

Kurczak Z Grejpfrutem

nosisz 4

2 łodygi selera
30 ml / 2 łyżki masła lub margaryny
1 duża cebula, drobno posiekana
4 duże udka z kurczaka, razem 1 kg, ze skórą
Zwykła mąka (uniwersalna).
1 różowy grejpfrut
150 ml/¼ pt./2/3 kieliszków białego lub różowego wina
30 ml / 2 łyżki przecieru pomidorowego (pasta)
1,5 ml/¼ łyżeczki suszonego rozmarynu
5 ml/1 porcja soli

Seler pokroić w poprzek włókien na cienkie paski. Umieść masło lub margarynę w naczyniu o głębokości 25 cm. Całkowicie stopić w 30 sekund. Wmieszaj cebulę i seler. Gotuj przez 6 minut. Kurczaka oprószamy delikatnie mąką i układamy na krawędzi blachy do pieczenia. Przykryć folią spożywczą (plastik), aby umożliwić ujście pary i przekroić na pół. Gotuj przez 10 minut, obracając patelnię trzy razy. W międzyczasie grejpfruta obrać ze skórki i przekroić między błonami. Przykryj kurczaka i posyp plasterkami grejpfruta. Zdeglasuj wino przecierem pomidorowym, rozmarynem i solą i polej kurczaka. Przykryj jak poprzednio i gotuj przez 10 minut. Pozostaw na 5 minut przed podaniem.

Kurczak po węgiersku i mix warzyw

nosisz 4

25 g / 1 uncja / 2 łyżki oleju lub cebuli
2 duże cebule, posiekane
1 mała zielona papryka (tłusta).
3 małe (niebieskie) marchewki, pokrojone w cienkie plasterki
450 g piersi z kurczaka bez kości, pokrojonej w plastry
15 ml/1 łyżeczka papryki
45 ml / 3 łyżki przecieru pomidorowego (pasty)
150 ml / ¼ pt / 2/3 szklanki śmietanki (mleka).
5-7,5 ml / 1-1 łyżeczka soli

Umieść masło lub czosnek na patelni 25 cm/10 (piekarnik holenderski). Podgrzewać bez przykrycia przez 1-1 ½ minuty. Mieszamy z cebulą. Gotuj na pełnym ogniu przez 3 minuty. Wymieszaj z zieloną papryką, cebulą, kurczakiem, papryką i przecierem pomidorowym. Przykryć folią spożywczą (plastik), aby umożliwić ujście pary i przekroić na pół. Smażyć przez 5 minut, obracając patelnię trzy razy. szukać Stopniowo dodawać śmietanę i sól. Przykryj jak poprzednio i gotuj przez 8 minut. Pozostaw na 5 minut, następnie zamieszaj i podawaj.

kurczak po burgundzku

Drzwi 6

Danie główne to zwykle wołowina, ale lżejsza z kurczakiem.

25 g / 1 uncja / 2 łyżki masła lub margaryny
2 cebule, posiekane
1 cebula czosnek, posiekana
750 g piersi z kurczaka, pokrojonej w plastry
30 ml / 2 łyżki mąki kukurydzianej (mąka kukurydziana)
5 ml/1 porcja musztardy kontynentalnej
2,5 ml/łyżkę stołową suchej mieszanki ziół
300 ml / ½ pt / 1¼ szklanki wina burgundzkiego
225 g pieczarek pokrojonych w cienkie plasterki
5-7,5 ml / 1-1 łyżeczka soli
45 ml / 3 łyżki posiekanej natki pietruszki

Umieść masło lub margarynę na patelni o średnicy 25 cm (piekarnik holenderski). Pozwól makaronowi rozmrozić się w ciągu 1,5 minuty po otwarciu. Wymieszaj cebulę i czosnek. Przykryć talerzem i gotować przez 3 minuty. Otwórz kurczaka i powinieneś go znaleźć. Przykryć folią spożywczą (plastik), aby umożliwić ujście pary i przekroić na pół. Gotuj przez 8 minut. Ostrożnie wymieszaj kukurydzę i musztardę z odrobiną czosnku i wymieszaj z resztą. Polej kurczaka. Pieczarki przyprawić i posolić. Przykryj jak poprzednio i gotuj przez 8-9 minut, obracając patelnię cztery razy, aż sos zgęstnieje i zacznie bulgotać. Pozostaw na 5 minut, a następnie dobrze wymieszaj i posyp natką pietruszki przed podaniem.

Placki z kurczaka

Drzwi 6

Od lat 20. i 30. XX wieku odrodzenie specjalności kurczaka, którą spożywano z tłustym, tłustym białym ryżem i grillowanymi (grillowanymi) bułeczkami wieprzowymi. Wymagana jest duża kuchenka mikrofalowa.

1,5 kg udek z kurczaka, ze skórą
1 cebula, pokrojona na 8 plasterków
2 duże łodygi selera, cienko pokrojone
1 mała marchewka, pokrojona w cienkie plasterki
2 duże cytryny
1 mały liść rzepy
2 kraby
Pietruszka
10 ml / 2 łyżki soli
300 ml/porcję ½/1¼ szklanki ciepłej wody
150 ml/¼ łyżeczki/2/3 szklanki śmietanki (jasnej).
40 g / 1½ uncji / 3 łyżki masła lub margaryny
40 g / 1½ uncji / 1½ łyżki (uniwersalnej) mąki.
Sok z 1 małej cytryny

Sól i świeżo mielony czarny pieprz

Umieść kurczaka w naczyniu do pieczenia o średnicy 30 cm (piekarnik holenderski). Dodaj cebulę, kapustę i marchewkę do garnka razem ze skórką z cytryny, liściem laurowym, selerem i gałązką pietruszki. Dopraw solą i dodaj wodę. Przykryć folią spożywczą (plastik), aby umożliwić ujście pary i przekroić na pół. Gotuj przez 24 minuty, obracając patelnię trzy razy. Weź kurczaka. Usuń mięso z kości i pokrój na małe kawałki. Odcedź płyn z garnka i zachowaj 300 ml/½ pt/1¼ szklanki. Wymieszaj ze śmietaną. Umieść masło w dużej, płytkiej misce. Pełne otwarcie zajmuje 1,5 minuty. Wymieszaj mąkę, a następnie powoli dodaj gorący bulion i śmietankę. Gotuj przez 5-6 minut, mieszając co minutę, aż zgęstnieje i zacznie bulgotać. Dodać sok z cytryny, wymieszać z kurczakiem i posmakować. Przykryj jak poprzednio i podgrzewaj przez 5 minut,

Frixi z kurczaka z winem

Drzwi 6

Przygotuj jak frixi z kurczaka, ale użyj tylko 150 ml bulionu i dodaj 150 ml wytrawnego białego wina.

Ostatni kurczak

Drzwi 6

Przygotuj jak frytki z kurczaka. Na koniec, po podgrzaniu przez 5 minut, po odstaniu, dodać 2 żółtka wymieszane z dodatkowymi 15 ml/1 łyżka stołowa. Ciepło mieszaniny ugotuje żółtko.

Coq au vin

Drzwi 6

50 g masła lub margaryny
1,5 kg udek z kurczaka, ze skórą
1 duża cebula, cienko pokrojona
1 cebula czosnek, posiekana
30 ml / 2 łyżki zwykłej (uniwersalnej) mąki.
300 ml / ½ pt / 1 ¼ szklanki wytrawnego czerwonego wina
1 kostka bulionu wołowego
5 ml/1 porcja soli
12 cebuli lub cebuli marynowanej
60 ml / 4 łyżki posiekanej natki pietruszki
1,5 ml/¼ łyżeczki suszonego tymianku
Pieczone ziemniaki i brukselka do podania

Umieść masło lub margarynę w rondlu o średnicy 30 cm (piekarnik holenderski). Włącz ogrzewanie na 1 minutę. Dodaj kawałki kurczaka i upewnij się, że wszystkie kawałki są pokryte olejem, ale trzymaj go w jednej warstwie. Przykryć folią spożywczą (plastik), aby umożliwić ujście pary i przekroić na pół. Gotuj przez 15 minut, obracając patelnię trzy razy. Otwórz kurczaka i posyp cebulą i czosnkiem. Dodaj go stopniowo do wina, mieszając, aby usunąć niezbędne części. Zmiażdż kostkę krafta i dodaj sól. Wlać mieszankę wina na kurczaka. Przykryć cebulą lub dymką i posypać natką pietruszki i szczypiorkiem. Przykryj jak poprzednio i piecz przez 20 minut, obracając patelnię trzy razy. Pozostaw na 6 minut.

wino grzybowe

Drzwi 6

Przygotuj jak Coq au Vin, ale zastąp 125 g grzybów posiekaną cebulą lub octem.

Dostępna jest również cola

Drzwi 6

Przygotuj to samo co Coq au Vin, ale zamień wino na colę, aby danie było smaczniejsze.

Wbudowane bębny dla zasięgu

nosisz 4

15 ml / 1 łyżka proszku z musztardy angielskiej
10 ml/2 porcje gorące curry w proszku
10 ml/2 porcje papryki
1,5 ml / ¼ łyżeczki pieprzu
2,5ml/łyżkę soli
1 kg udka z kurczaka (około 12 sztuk)
45 ml / 3 łyżki oleju czosnkowego

Wymieszaj imbir, curry, paprykę, cayenne i sól. Użyj do pokrycia wszystkich stron haka. Umieść kość w naczyniu o głębokości 25 cm/10, wielkości wiatraczka, sięgając do środka kości. Smaż czosnek przez 1 minutę. Umyj bębny roztopionym masłem. Przykryć folią spożywczą (plastik), aby umożliwić ujście pary i przekroić na pół. Piecz przez 16 minut, dwukrotnie obracając patelnię.

Łowcy kurczaków

Drzwi 6

Włoskie danie, które można przetłumaczyć jako „kurczak myśliwski".

Kawałki kurczaka 1,5 kg
15 ml/1 łyżka oliwy z oliwek
1 duża cebula, cienko pokrojona
1 cebula czosnek, posiekana
30 ml / 2 łyżki zwykłej (uniwersalnej) mąki.
5 pomidorów, obranych, wypestkowanych i pokrojonych
150 ml/¼ pt/2/3 szklanki gorącego bulionu
45 ml / 3 łyżki przecieru pomidorowego (pasty)
15 ml / 1 łyżka brązowego sosu stołowego
125 g pokrojonych pieczarek
10 ml / 2 łyżki soli
10 ml / 2 łyżki miękkiego ciemnobrązowego cukru
45 ml/3 łyżki Marsala lub średnio wytrawna sherry
Podawać z ziemniakami w śmietanie i sałatkami

Umieść kurczaka w 12-calowym (30 cm) naczyniu do pieczenia (piekarnik holenderski). Przykryć folią spożywczą (plastik), aby umożliwić ujście pary i przekroić na pół. Gotuj przez 15 minut, dwukrotnie obracając patelnię. W międzyczasie przygotuj zwykły sos. Na patelnię wlać olej i dodać cebulę i czosnek. Smażyć (sos) na lekko złoty kolor. Wymieszaj mąkę, następnie pomidory, zupę, puree ziemniaczane i brązowy sos. Gotuj sos, aż się zagotuje i zgęstnieje.

Wymieszaj wszystkie pozostałe składniki i polej kurczaka. Przykryj jak poprzednio i piecz przez 20 minut, obracając patelnię trzy razy. Pozostaw na 5 minut. Podawane z kremem ziemniaczanym i mixem sałat.

Podążaj za kurczakiem

Drzwi 6

Przygotuj jak Cacciatore z kurczaka, ale wytrawne białe wino zastąp marsalą lub sherry.

Kurczak Marengo

Drzwi 6

Wynalazł go osobisty szef kuchni Napoleona Bonaparte na polu bitwy około 1800 roku po klęsce Austrii w bitwie pod Marengo w pobliżu Werony w północnych Włoszech.

Przygotować jak w przypadku Chicken Cacciatore, ale użyć tylko 50 g/2 uncji grzybów i zastąpić wytrawne białe wino Marsalą lub Sherry. Mieszając wszystkie pozostałe składniki, dodaj 12-16 małych czarnych oliwek i 60 ml/4 łyżki posiekanej natki pietruszki.

Kurczak dnia

nosisz 4

50 g masła lub margaryny, miękkiej
15 ml/1 łyżka łagodnej musztardy
5 ml/1 łyżka pasty czosnkowej (pasty)
5 ml/1 część przecieru pomidorowego (pasta)
90 ml / 6 łyżek sezamu, lekko uprażonych
4 kawałki kurczaka po 225 g, ze skórą

Masło lub margarynę utrzeć z czosnkiem, czosnkiem i przecierem pomidorowym. Dodaj nasiona kminku. Rozłóż mieszankę równomiernie na kurczaku. Pozostaw dziurę pośrodku i umieść w głębokim naczyniu o średnicy 25 cm. Gotuj przez 16 minut, obracając patelnię cztery razy. Pozostaw na 5 minut przed podaniem.

kapitan

Drzwi 6

Lekkie wschodnioindyjskie curry z kurczaka przygotowane przez kapitana morskiego, który dawno temu podróżował do południowych stanów Ameryki Północnej. Stało się czymś, czego oczekujemy w USA.

50 g masła lub margaryny
2 cebule, posiekane
1 cebula, posiekana
1,5 kg udek z kurczaka, ze skórą
15 ml/1 łyżka mąki zwykłej (uniwersalnej).
15 ml/1 łyżka łagodnego curry w proszku
60 ml/4 łyżki migdałów, blanszowanych, płatków, przekrojonych na pół i lekko uprażonych
1 mała (tłusta) zielona papryka, pozbawiona nasion i pokrojona w cienkie plasterki
45 ml / 3 łyżki sułtanek (złote rodzynki)
10 ml / 2 łyżki soli
400g/14 uncji/1 duży pomidor
5ml/1szt cukru
275 g/10 uncji/1 ¼ szklanki długo gotowanego ryżu

Umieść masło lub margarynę w rondlu o średnicy 30 cm (piekarnik holenderski). Ciepłe, bez przykrycia, na wysokich obrotach przez 1,5 minuty. Dodaj cebulę i seler i dobrze wymieszaj. Zamieszaj dwukrotnie i gotuj na pełnym ogniu przez 3 minuty. Dodaj udka z kurczaka i mieszaj, aż dobrze pokryją się olejem i mieszanką ziół. Dodać mąkę, curry w proszku, migdały, pieprz i sól. Przykryć folią spożywczą (plastik), aby umożliwić ujście pary i przekroić na pół. Gotuj przez 8 minut. Wymieszaj sól z pomidorami i cukrem. Usuń kurczaka i wyrzuć pomidory. Przykryj jak poprzednio i gotuj przez 21 minut, dwukrotnie obracając patelnię. Odstaw na 5 minut przed podaniem z ryżem.

Kurczak w sosie pomidorowo-kaparowym

Drzwi 6

6 udek z kurczaka, 225 g, ze skórą
Zwykła mąka (uniwersalna).
50 g masła lub margaryny
3 plasterki boczku, posiekane
2 duże cebule, posiekane
2 ząbki czosnku, drobno posiekane
15 ml/1 łyżka, skorygowana
400g/14 uncji/1 duży pomidor
15 ml / 1 łyżka miękkiego ciemnobrązowego cukru
5 ml/1 łyżeczka suchej mieszanki ziół
15 ml / 1 łyżka przecieru pomidorowego (pasta)
15 ml / 1 łyżka posiekanych listków bazylii
15 ml / 1 łyżka posiekanej natki pietruszki

Oprószyć udka z kurczaka mąką. Umieść masło lub margarynę w rondlu o średnicy 30 cm (piekarnik holenderski). Włącz ogrzewanie na 2 minuty. Wymieszaj boczek, cebulę, czosnek i kapary. Zamieszaj dwukrotnie i gotuj na pełnym ogniu przez 4 minuty. Dodaj kurczaka i wymieszaj z mieszanką masła lub margaryny, aż będzie dobrze pokryty. Przykryć folią spożywczą (plastik), aby umożliwić ujście pary i przekroić na pół. Gotuj przez 12 minut, obracając patelnię trzy razy. Dobrze wymieszaj i dodaj pozostałe składniki. Przykryj jak poprzednio i gotuj przez 18 minut. Odstaw na 6 minut przed podaniem.

papryka z kurczaka

nosisz 4

Ta fantazja o kurczaku, wyraźna papryka, jest związana z jednym z najpopularniejszych węgierskich dań, gulaszem.

Kawałki kurczaka 1,5 kg

1 duża cebula, posiekana

1 zielona papryka (olej), pozbawiona nasion i posiekana

1 cebula czosnek, posiekana

30 ml / 2 łyżki oleju kukurydzianego lub roztopionego masła

45 ml/3 łyżki mąki zwykłej (uniwersalnej).

15 ml/1 łyżeczka papryki

300 ml/½ łyżeczki/1¼ szklanki gorącego bulionu z kurczaka

30 ml / 2 łyżki przecieru pomidorowego (pasta)

5 ml/1 porcja miękkiego ciemnobrązowego cukru

2,5 ml/½ łyżeczki nasion kminku

5 ml/1 porcja soli

150ml/5 uncji/2/3 szklanki świeżej śmietanki

Pieczone małe kształty makaronu

Umieść kawałki kurczaka w 12-calowym (30 cm) żaroodpornym naczyniu (piekarnik holenderski). Przykryć folią spożywczą (plastik), aby umożliwić ujście pary i przekroić na pół. Gotuj przez 15 minut, dwukrotnie obracając patelnię. W międzyczasie przygotuj zwykły sos. Cebulę, paprykę, czosnek i olej włożyć do garnka (kociołka) i ostrożnie smażyć, aż warzywa będą miękkie, ale brązowe. Wymieszaj mąkę i paprykę, a następnie powoli dodawaj do zupy. Mieszając doprowadzić do wrzenia. Resztę składników oprócz śmietany i makaronu zmiksować. Wyjąć kurczaka i polać sosem, rozlewając część soków już na talerzu. Umieść łyżkę crème fraîche na wierzchu. Przykryj jak poprzednio i piecz przez 20 minut, obracając patelnię trzy razy. Podawać z lekkim makaronem.

Odcienie orientalnych kurczaków

6-8 posiłków

Indyjskie i indonezyjskie wpływy i smaki łączą się w tym poważnym przepisie na kurczaka.

15 ml / 1 łyżka oleju z ciecierzycy (grochu).

3 średnie cebule, posiekane

2 ząbki czosnku, drobno posiekane

900g piersi z kurczaka bez kości, obrać ze skóry i pokroić w cienkie paski

15 ml/1 łyżka mąki kukurydzianej (skrobi kukurydzianej)

60 ml / 4 łyżki oleju arachidowego

150 ml/¼ pt./2/3 szklanki wody

7,5 ml / 1½ łyżeczki soli

10 ml / 2 łyżki pasty curry

2,5 ml / ½ łyżeczki kolendry (kolendry)

2,5 ml/łyżkę mielonego imbiru

5 nasion strąków ziemniaków

60 ml / 4 łyżki solonych orzechów włoskich, grubo posiekanych

2 pomidory, pokrojone

Podgrzewać bez przykrycia patelnię o średnicy 25 cm (piekarnik holenderski) przez 1 minutę. Dodać cebulę i czosnek i smażyć na dużym ogniu przez 3 minuty, dwukrotnie mieszając. Wymieszaj kurczaka i gotuj bez przykrycia przez 3 minuty, mieszając co minutę, aby poluzować go widelcem. Pszenica jest wyrzucana. Pracuj ze wszystkimi składnikami oprócz kopru włoskiego i pomidora. Przykryć folią spożywczą (plastik), aby umożliwić ujście pary i przekroić na pół. Gotuj przez 19 minut, obracając patelnię cztery razy. Pozostaw na 5 minut. Przed podaniem udekoruj orzechami włoskimi i plasterkami pomidora.

Nasza Wysokość

Drzwi 6

Holendersko-indonezyjska specjalność.

175 g / 6 uncji / ¾ szklanki lekko ugotowanego ryżu długoziarnistego

50 g masła lub margaryny

2 cebule, posiekane

2 pory, tylko biała część, pokrojone w bardzo cienkie plasterki

1 zielona papryczka chili, pozbawiona nasion i posiekana (opcjonalnie)

350 g / 12 uncji / 3 szklanki zimnego gotowanego kurczaka, drobno posiekanego

30 ml/2 łyżki sosu sojowego

1 klasyczna tortilla, pokrojona w plastry

1 duży pomidor, pokrojony w plasterki

Ryż ugotować zgodnie z instrukcją na opakowaniu. Spokojnie Umieść masło lub margarynę na patelni o średnicy 25 cm (piekarnik holenderski). Włącz ogrzewanie na 1 minutę. Wymieszaj cebulę, por i szczypiorek, jeśli używasz. Gotuj na pełnym ogniu przez 4 minuty. Wymieszaj ryż, kurczaka i sos sojowy. Przykryć talerzem i gotować na dużym ogniu przez 6-7 minut, trzykrotnie mieszając. Udekoruj pasiastym wzorem pasków tortilli i plasterków pomidora.

Stek z indyka

Sekcje 6

1 indyjski, żądany rozmiar (dopuszcza 350 g / 12 uncji niegotowanej wagi na osobę)
wystarczająco

Owiń końce skrzydeł i nóg folią. Umieść indyka piersią do dołu na talerzu wystarczająco dużym, aby ptak mógł się wygodnie zmieścić. Nie martw się, jeśli wystaje poza krawędź korpusu. Przykryć folią spożywczą (folią) i docisnąć 4 razy. Piec przez 4 minuty przy 450g/1lb. Wyjąć z piekarnika i ostrożnie obrócić ptaka tak, aby pierś znalazła się na wierzchu. Jeśli ptak jest delikatny, a kurczak czuje się komfortowo, przykryj go ciastem na bazie oleju. Przykryj jak poprzednio i gotuj przez kolejne 4 minuty przy 450 g/1 funt. Przełożyć do tortownicy i przykryć folią. Pozostaw na 15 minut, a następnie pokrój.

Hiszpania Turcja

nosisz 4

30 ml / 2 łyżki oliwy z oliwek
4 indyki bez kości, 175 g/6 uncji każdy
1 cebula, posiekana
12 oliwek, posiekanych
2 jajka na twardo (strony 98-9), obrane i posiekane
30 ml / 2 łyżki posiekanej natki pietruszki
2 pomidory, cienko pokrojone

Rozgrzej olej na patelni o średnicy 20 cm/8 cali, bez przykrycia, przez 1 minutę na dużym ogniu. Dodaj patelnię i dobrze wrzuć olej, aby pokrył obie strony. Równomiernie wymieszaj cebulę, oliwki, jajko i ogórek z łyżką indyka. Udekoruj plasterkami pomidora. Przykryć folią spożywczą (plastik), aby umożliwić ujście pary i przekroić na pół. Gotuj przez 15 minut, obracając garnek pięć razy. Pozostaw na 5 minut przed podaniem.

tureckie tacos

nosisz 4

Do tacosów:

450 g/1 funt/4 szklanki mielonego kurczaka

1 mała cebula, posiekana

2 ząbki czosnku, drobno posiekane

5 ml/1 łyżka nasion kminku, zmielonych według uznania

2,5-5 ml / ½ - 1 łyżeczki pieprzu w proszku

30 ml / 2 łyżki posiekanych liści kolendry

5 ml/1 porcja soli

60 ml / 4 łyżki wody

Zakupiono 4 duże mrówki

Wrzucona sałatka

Na dressing z awokado:

1 duże dojrzałe awokado

15-20 ml/3-4 łyżki kupionej w sklepie gorącej salsy

Sok z 1 limonki

Sól

60 ml / 4 łyżki śmietanki (mleka).

Aby przygotować tacos, wyłóż indykiem dno tortownicy o średnicy 20 cm. Przykryć talerzem i gotować przez 6 minut. Ziarno mięsa rozdrobnić widelcem. Wymieszaj pozostałe składniki oprócz tortilli i sałatki. Przykryć folią spożywczą (plastik), aby umożliwić ujście pary i przekroić na pół. Gotuj przez 8 minut, obracając patelnię cztery razy. Pozostaw na 4 minuty. Dobrze wymieszaj. Umieść taką samą ilość mrówek na mrówkach, dodaj sałatkę i zawiń. Przełożyć na talerz i trzymać w cieple.

Aby zrobić dressing z awokado, przekrój awokado na pół, wydrąż miąższ i zmiksuj na puree. Wmieszaj salsę, sok z limonki i sól. Przenieś tacos na cztery ciepłe talerze, udekoruj mieszanką z awokado i 1 łyżką stołową/15 ml kwaśnej śmietany. Zjedz natychmiast.

Naleśnikowe Tacos

nosisz 4

Zrób je jak tacos z indyka, ale zastąp kupione w sklepie tortille domowymi czteropakami naleśników.

Chleb z indyka

nosisz 4

450 g surowego mielonego indyka (rozdrobnionego).
1 cebula czosnek, posiekana
30 ml / 2 łyżki zwykłej (uniwersalnej) mąki.
2 duże jajka
10 ml / 2 łyżki soli
10 ml / 2 łyżki suszonego tymianku
5 ml/1 porcja sosu Worcestershire
20 ml / 4 łyżki
Pieczony ziemniak
Gotowana kapusta
Sos serowy

Wymieszaj szalotki, czosnek, mąkę, jajka, sól, tymianek, sos Worcestershire i orzechy włoskie. Mokrymi dłońmi uformować ciasto o średnicy 15 cm. Przełożyć do głębokiego talerza, przykryć folią (papierem) i przekroić dwukrotnie, aby umożliwić ujście pary. Doprowadzić do wrzenia przez 9 minut. Pozostaw na 5 minut. Pokrój na ćwiartki i podawaj z ziemniakami w mundurkach i kapustą, sosem serowym i zwykle z grilla (brojler).

Curry z indyka z Madrasu

nosisz 4

Zdrowy przepis na świątecznego indyka.

30 ml / 2 łyżki oleju kukurydzianego lub słonecznikowego
1 cebula, bardzo cienka
1 cebula czosnek, posiekana
30 ml / 2 łyżki z rodzynkami
30 ml / 2 łyżki wiórków kokosowych (rozdrobnionych).
25 ml/1 ½ łyżki (uniwersalnej) mąki.
20 ml/4 porcje gorące curry w proszku
300 ml / ½ pt / 1¼ szklanki wrzącej wody
30 ml / 2 łyżki śmietany (jasnej).
2,5ml/łyżkę soli
Sok z połowy cytryny
350g/12 uncji/3 szklanki indyka gotowanego na zimno, pokrojonego w plastry
Do podania z chlebem indyjskim, mixem sałat i chutneyem

Umieść cebulę, czosnek, rodzynki i wiórki kokosowe w 1,5-litrowym rondlu. Dobrze wymieszaj. Gotuj na pełnym ogniu przez 3 minuty. Wymieszaj mąkę, curry, wodę, śmietanę, sól, sok z cytryny i indyka. Przykryć talerzem i gotować przez 6-7 minut, dwukrotnie mieszając, aż curry zgęstnieje i zacznie bulgotać. Pozostaw na 3 minuty. Wymieszaj i podawaj z indyjskim chlebem, sałatką i chutneyem.

Owocowe curry z owocami

nosisz 4

30 ml / 2 łyżki masła lub margaryny
10 ml / 2 łyżki oliwy z oliwek
2 cebule, posiekane
15 ml/1 łyżka łagodnego curry w proszku
30 ml / 2 łyżki zwykłej (uniwersalnej) mąki.
150 ml/¼ łyżeczki/2/3 szklanki śmietanki (jasnej).
90 ml / 6 łyżek naturalnego jogurtu greckiego
1 cebula czosnek, posiekana
30 ml / 2 łyżki przecieru pomidorowego (pasta)
5 ml / 1 łyżeczka garam masali
5 ml/1 porcja soli
Sok z 1 małej limonki
4 jabłka deserowe, obrane, pozbawione gniazd nasiennych, pokrojone w ćwiartki i cienko pokrojone
30 ml / 2 łyżki dowolnego owocowego żucia
450 g/1 lb/4 kubki indyka gotowanego na zimno, pokrojonego w plastry

Umieść masło lub margarynę i olej w rondlu o średnicy 25 cm (piekarnik holenderski). Ciepłe, bez przykrycia, na wysokich obrotach przez 1,5 minuty. Mieszamy z cebulą. Zamieszaj dwukrotnie i gotuj na pełnym ogniu przez 3 minuty. Wymieszaj curry, mąkę, śmietanę i jogurt. Gotuj na pełnym ogniu przez 2 minuty. Dodaj wszystkie pozostałe składniki. Przykryj pokrywką i gotuj na pełnym ogniu przez 12-14 minut, mieszając co 5 minut, aż się rozgrzeje.

Ciasto z chleba i masła z indyka

nosisz 4

75 g masła lub margaryny
60 ml / 4 łyżki startego parmezanu
2,5 ml/łyżkę suszonego tymianku
1,5 ml / ¼ łyżeczki normalnego zioła
5 ml/1 łyżka skórki z cytryny
4 duże kromki białego lub brązowego chleba
1 cebula, posiekana
50 g pieczarek pokrojonych w plasterki
45 ml/3 łyżki mąki zwykłej (uniwersalnej).
300 ml/½ łyżeczki/1¼ szklanki gorącego bulionu z kurczaka
15 ml/1 łyżka soku z cytryny
45 ml / 3 łyżki śmietany (jasnej).
225 g/8 uncji/2 filiżanki ugotowanego na zimno kurczaka, rozdrobnionego
Sól i świeżo mielony czarny pieprz

Połowę masła lub margaryny utrzeć z serem, tymiankiem, musem i skórką z cytryny. Rozsmaruj na chlebie, a następnie pokrój każdą kromkę na cztery trójkąty. Umieść pozostałe masło lub margarynę w naczyniu o głębokości 20 cm. Ciepłe, bez przykrycia, na wysokich obrotach przez 1,5 minuty. Dodaj cebulę i pieczarki. Zamieszaj dwukrotnie i gotuj na pełnym ogniu przez 3 minuty. Wsyp mąkę, a następnie stopniowo dodawaj bulion, sok z cytryny i śmietanę. Spróbuj kurczaka i dopraw. Przykryj talerzem i gotuj, mieszając trzy razy, aż się zagrzeje, około 8 minut. Wyjmij z kuchenki mikrofalowej. Trójkąty chlebowe obtoczyć i zrumienić pod rozgrzanym grillem (brojler).

Indyk i ryż z farszem

4-5 posiłków

225 g / 8 uncji / 1 szklanka lekko ugotowanego ryżu długoziarnistego
300 ml/10 fl oz/1 puszka skondensowanej śmietany zupy grzybowej
300 ml / ½ pt / 1¼ szklanki wrzącej wody
225 g / 8 uncji / 2 szklanki słodkiej kukurydzy (kukurydzianej)
50g/2oz/½ szklanki całych orzechów włoskich
175 g / 6 uncji / 1½ szklanki gotowanego indyka, posiekanego
50 g zimnego, posiekanego
Coleslaw za swoją służbę

Umieść wszystkie składniki oprócz nadzienia w naczyniu do pieczenia o pojemności 1,75 l/3 kwarty/7½ filiżanki. Dobrze wymieszaj. Przykryć folią spożywczą (plastik), aby umożliwić ujście pary i przekroić na pół. Piec przez 25 minut. Przykryj widelcem i zamieszaj, aby rozprowadzić ryż. Przykryć zimnym nadzieniem. Przykryć talerzem i gotować przez 2 minuty. Pozostaw na 4 minuty. Ponownie wymieszaj i podawaj z sałatką colesław.

Pomarańczowy Kasztan Glazurowany Indyk

Usługi 4-6

Dla małych rodzin, które chcą ślubu z minimalną ilością odpadów.

40 g / 1½ uncji / 3 łyżki oleju
15 ml / 1 łyżka ketchupu pomidorowego (kot)
10 ml / 2 łyżeczki czarnego pieprzu
5 ml/1 papryka
5 ml/1 porcja sosu Worcestershire
1 drobno starta satsuma lub klementynka
Trochę białego
1,5 ml/¼ łyżeczki mielonego cynamonu
Około 1 indyka. 1 kg / 2¼ stopy

W misce wymieszaj wszystkie składniki oprócz indyka. Podgrzewać bez przykrycia w piekarniku przez 1 minutę. Wyłóż tortownicę o średnicy 25 cm (piekarnik holenderski) połową proszku do pieczenia. Przykryć folią spożywczą (plastik), aby umożliwić ujście pary i przekroić na pół. Gotuj przez 10 minut. Odwróć pierś i posmaruj pozostałą oliwą. Przykryj jak poprzednio i gotuj przez kolejne 10 minut, obracając patelnię trzy razy. Odstaw na 7-10 minut przed krojeniem.

słodko-kwaśna kaczka

nosisz 4

1 kaczka, ok. 2,25 kg, umyta i osuszona
45 ml/3 łyżki Mango Chewy
Fasola rośnie
175 g/6 uncji/¾ szklanki brązowego ryżu, ugotowanego

Umieścić w naczyniu do pieczenia o średnicy 25 cm/10 mm (piekarnik holenderski) w naczyniu z kopułą. Przykryć folią spożywczą (plastik), aby umożliwić ujście pary i przekroić na pół. Gotuj przez 20 minut. Ostrożnie odlać tłuszcz i wodę. Odwróć się plecami i rozłóż miskę na klatce piersiowej. Przykryj jak poprzednio i gotuj przez kolejne 20 minut. Pokroić na ćwiartki i podawać z kiełkami fasoli i ryżem.

Kaczka po kantońsku

nosisz 4

45 ml/3 łyżki suszonych śliwek (z puszki)
30 ml / 2 łyżki chińskiego wina ryżowego
10 ml/2 porcje łagodna musztarda
5 ml/1 łyżeczka soku z cytryny
10ml/2 łyżki sosu sojowego
1 kaczka, ok. 2,25 kg, umyta i osuszona

Umieść dżem morelowy, wino ryżowe, musztardę, sok z cytryny i sos sojowy w małej misce. Podgrzewać przez 1-1 ½ minuty, dwukrotnie mieszając. Umieścić w naczyniu do pieczenia o średnicy 25 cm/10 mm (piekarnik holenderski) w naczyniu z kopułą. Przykryć folią spożywczą (plastik), aby umożliwić ujście pary i przekroić na pół. Gotuj przez 20 minut. Ostrożnie odlać tłuszcz i wodę. Odwróć i rozłóż na morelach. Przykryj jak poprzednio i piecz przez 20 minut. Podziel na cztery porcje i podawaj.

Kaczka z sosem pomarańczowym

nosisz 4

Zwykle jest to luksus z najwyższej półki, który można łatwo podgrzać w kuchence mikrofalowej w ułamku czasu. Udekoruj rukwią wodną i plastrami świeżej pomarańczy, aby uzyskać centralny punkt przyjęcia.

1 kaczka, ok. 2,25 kg, umyta i osuszona

Na sos:
Drobno starta skórka z dużej pomarańczy
Sok z 2 pomarańczy
30ml/2 łyżki posiekanej marmolady cytrynowej
15 ml / 1 łyżka galaretki porzeczkowej (przechowywać przezroczystą)
30 ml / 2 łyżki likieru pomarańczowego
5 ml/1 sos sojowy
10 ml/2 części mąki kukurydzianej (mąka kukurydziana)

Umieścić w naczyniu do pieczenia o średnicy 25 cm/10 mm (piekarnik holenderski) w naczyniu z kopułą. Przykryć folią spożywczą (plastik), aby umożliwić ujście pary i przekroić na pół. Gotuj przez 20 minut. Ostrożnie odlać tłuszcz i wodę. obracać się Przykryj jak poprzednio i piecz przez 20 minut. Pokrój na cztery części, przełóż na talerz i podgrzej. Spuścić olej z wody do gotowania.

Aby przygotować sos, umieść wszystkie składniki oprócz ziaren kukurydzy w miarce. Dodaj przygotowane soki. Napełnij kubek o pojemności 300 ml gorącą wodą. Zmieszaj mąkę kukurydzianą z kilkoma łyżkami zimnej wody na cienką pastę. Dodać do garnka i dobrze wymieszać. Zamieszaj trzy razy i gotuj na pełnym ogniu przez 4 minuty. Polej kaczkę i od razu podawaj.

Kaczka po francusku

nosisz 4

1 kaczka, ok. 2,25 kg, umyta i osuszona

12 noży

1 cebula, cienko pokrojona

2 ząbki czosnku, drobno posiekane

Na sos:

300 ml/½ pt/1¼ szklanki wytrawnego cydru

5 ml/1 porcja soli

10 ml / 2 łyżki koncentratu pomidorowego (makaron)

30 ml / 2 łyżki

15 ml/1 łyżka mąki kukurydzianej (skrobi kukurydzianej)

Pieczone tagliatelle, do podania

Umieścić w naczyniu do pieczenia o średnicy 25 cm/10 mm (piekarnik holenderski) w naczyniu z kopułą. Wokół kaczki ułóż szczypiorek, seler i czosnek. Przykryj naczynie folią spożywczą (plastik) i przetnij dwukrotnie, aby para mogła się wydostać. Gotuj przez 20 minut. Wyjąć i odcedzić tłuszcz i soki z bulionu. obracać się Przykryj jak poprzednio i piecz przez 20 minut. Pokrój na cztery części, przełóż na talerz i podgrzej. Spuścić olej z wody do gotowania.

Aby zrobić sos, wlej cydr do miarki. Wymieszaj sól, przecier pomidorowy, crème fraîche, sok z wody z gotowania i mąkę kukurydzianą. Gotuj na dużym ogniu przez 4-5 minut, aż zgęstnieje i zacznie bulgotać, mieszając co minutę. Polej kaczkę i śliwki i podawaj z tagliatelle.

Pieczenie kości i smażenie kawałków mięsa

Połóż skórą do dołu na dużym talerzu na stojaku bezpiecznym dla kuchenek mikrofalowych. Przykryć kawałkiem folii (plastik). Na każde 450g/1lb trzeba ugotować:

- Wieprzowina - 9 minut
- Szynka - 9 minut
- Jagnięcina - 9 minut
- Stek - 6-8 minut

Aby uzyskać równomierne gotowanie, obracaj patelnię co 5 minut i trzymaj ręce z dala od źródła ciepła. Odpocznij przez 5-6 minut w połowie czasu gotowania. Po ugotowaniu przenieś kawałki na deskę do krojenia i przykryj podwójną folią. Odstaw na 5-8 minut, w zależności od wielkości, przed pokrojeniem.

Słodko-kwaśna wieprzowina z pomarańczą i cytryną

nosisz 4

4 polędwiczki wieprzowe, pokrojone w plastry 175g/6oz
60 ml / 4 łyżki ketchupu pomidorowego (kot)
15 ml/1 łyżka sosu teriyaki
20 ml/4 porcje octu słodowego
5 ml/1 łyżeczka drobno startej skórki z cytryny
1 sok pomarańczowy
1 ząbek czosnku, posiekany (opcjonalnie)
350 g/1 ½ szklanki brązowego ryżu, ugotowanego

Ułożyć zupy o średnicy 25 cm / głębokości 10 cm. Wymieszaj wszystkie pozostałe składniki oprócz ryżu i łyżki. Przykryć folią spożywczą (plastik), aby umożliwić ujście pary i przekroić na pół. Gotuj przez 12 minut, obracając garnek cztery razy. Odstaw na 5 minut przed podaniem z brązowym ryżem.

Mięso to mięso

8-10 posiłków

Sprawdzone i wszechstronne miejsce rodzinne. Świetnie smakuje na ciepło, na ostro lub po portugalsku lub z sosem pomidorowym, gotowanymi ziemniakami lub makaronem z serem i różnymi warzywami. Alternatywnie można go zjeść na zimno z majonezem lub sosem sałatkowym i bogatym sosem sałatkowym. Pokrój cienko na kanapki i podawaj z sałatką, posiekaną cebulą i pomidorem lub podawaj z korniszonami i pieczywem pełnoziarnistym jako klasyczną francuską przystawkę.

125 g jasnego białego chleba
450 g chudej cielęciny (rozdrobnionej).
450 g/1 lb/4 szklanki mielonego kurczaka (rozdrobnionego).
10 ml / 2 łyżki soli
3 ząbki czosnku, drobno posiekane
4 duże jajka
10 ml/2 łyżki sosu Worcestershire
10 ml/2 części ciemnego sosu sojowego
10 ml/2 łyżki gotowej musztardy

Lekko natłuścić naczynie o głębokości 23 cm. Chleb kruszymy w robocie kuchennym. Dodaj wszystkie pozostałe składniki i pulsuj, aż mieszanina się połączy. (Nie wyrastaj zbyt mocno, ponieważ chleb będzie ciężki i gruby.) Podziel na porcje. Umieść dziecko w słoiku z dżemem (konserwowanym) lub zwykłej misce z jajkami na środku, tak aby mieszanka mięsna utworzyła pierścień. Przykryć folią spożywczą (plastik), aby umożliwić ujście pary i przekroić na pół. Piecz przez 18 minut, dwukrotnie obracając patelnię. Chleb kurczy się z jednej strony na drugą. Jeśli podajesz na ciepło, pozostaw na 5 minut.

Plac z indykiem i kiełbasą

8-10 posiłków

Przygotuj jak stek, ale zastąp mieloną wołowinę (pokrojoną w plastry) 450 g kiełbasy wołowej lub wieprzowej. Piec do 18 minut zamiast 20 minut.

Ubierz polędwicę wieprzową

nosisz 4

4 polędwiczki wieprzowe, pokrojone w plastry 175g/6oz
30 ml / 2 łyżki masła lub margaryny
5 ml/1 papryka
5 ml/1 sos sojowy
5 ml/1 porcja sosu Worcestershire

Ułożyć zupy o średnicy 25 cm / głębokości 10 cm. Roztop masło lub margarynę na patelni przez 1,5 minuty. Wymieszaj pozostałe składniki i wrzuć klopsiki. Przykryć folią spożywczą (plastik), aby umożliwić ujście pary i przekroić na pół. Gotuj przez 9 minut, obracając garnek cztery razy. Pozostaw na 4 minuty.

Hawajski pierścionek z wieprzowiną i ananasem

Drzwi 6

Kruchość, delikatność i wspaniały smak to cechy, które składają się na ten przepis na mięso i owoce z tropikalnej wyspy Hawajów.

15 ml / 1 łyżka oleju z ciecierzycy (grochu).

1 cebula, cienko pokrojona

2 ząbki czosnku, drobno posiekane

900g/2lb wieprzowiny, w plasterkach

15 ml/1 łyżka mąki kukurydzianej (skrobi kukurydzianej)

400g/14 uncji/3½ szklanki rozgniecionego ananasa z puszki w czystej wodzie

45ml/3 łyżki sosu sojowego

5 ml // 1 łyżeczka mielonego imbiru

Nowa lokalizacja to Black Pepper

Wyczyść dno i boki naczynia o głębokości 23 cm/9. Dodaj cebulę i czosnek i smaż na dużym ogniu przez 3 minuty. Wymieszaj wieprzowinę, kukurydzę, ananasa i wodę, sos sojowy i imbir. Sezonować pod kątem. Umieść pierścień wokół wewnętrznej krawędzi ciasta, pozostawiając niewielką szczelinę pośrodku. Przykryć folią spożywczą (plastik), aby umożliwić ujście pary i przekroić na pół. Gotuj przez 16 minut, obracając patelnię cztery razy. Odstawić na 5 minut i wymieszać przed podaniem.

Zapiekanka hawajska z boczkiem i ananasem

Drzwi 6

Zrób hawajską szarpaną wieprzowinę i różowy ananas, ale zastąp wieprzowinę chudą, niekrojoną szynką.

Szynka świąteczna

10-12 posiłków

Idealny na świąteczny lub sylwestrowy bufet, ten baleron do podgrzewania w kuchence mikrofalowej jest wilgotny, soczysty i pięknie wyrzeźbiony. Jest to maksymalny rozmiar zapewniający dobre wyniki.

Szynka, maksymalna waga 2,5 kg
50g / 2 uncje / 1 szklanka kolorowej bułki tartej
Całe kraby

Pieczeń jest najpierw gotowana w celu zmniejszenia zawartości soli. Włóż baleron do dużego garnka, zalej zimną wodą, zagotuj i odcedź. powtarzać Odmierz rozwałkowane kawałki i pozostaw 450g/1lb na całkowity czas gotowania 8 minut. Umieść mieszaninę w kuchence mikrofalowej bezpośrednio na szklanym talerzu lub umieść ją w dużej, płaskiej misce. Jeśli ma wąski koniec, przykryj go kawałkiem papieru, aby zapobiec zbytniemu przywieraniu. Przykryj baleron papierem kuchennym i piecz przez połowę czasu w piekarniku. Mikrofale przez 30 minut. Jeśli używasz, zdejmij folię, odwróć stek i przykryj papierem kuchennym. Doprowadzić do wrzenia i pozostawić na kolejne 30 minut. Przełożyć na talerz. Usuń skórę, usuń tłuszcz, a następnie pokrój na małe kawałki. Zagraj w każdy diament z pomarańczą.

Przeszklony zamek Gammona

10-12 posiłków

Szynka, maksymalna waga 2,5 kg
50g / 2 uncje / 1 szklanka kolorowej bułki tartej
Całe kraby
60 ml / 4 łyżki cukru demerara
10 ml / 2 łyżki musztardy w proszku
60 ml / 4 łyżki roztopionego masła lub margaryny
5 ml/1 porcja sosu Worcestershire
30 ml / 2 łyżki soku z białych winogron
Wiśnia koktajlowa

Przygotuj go jak baleron na uczcie, ale pozostałe klejnoty umyj czosnkiem. Aby przygotować polewę, połącz cukier, musztardę, masło lub margarynę, sos Worcestershire i sok winogronowy. Umieść baleron na talerzu i przykryj tłuszczem. Piecz mieszankę jak zwykle w temperaturze 190°C/375°F/gaz przez 25-30 minut, aż olej będzie złocistobrązowy. Na patyczki koktajlowe (wykałaczki) nakładamy pozostałe maślane perełki.

Paella z hiszpańskim salami

Drzwi 6

Przygotuj jak paella, ale kurczaka zastąp drobno posiekanym salami.

Klopsiki po szwajcarsku

nosisz 4

Znany jako Kottbullar, jest jednym z narodowych dań Szwecji, podawanym z gotowanymi ziemniakami, sosem, ciężką sałatą i mieszanką.

75 g / 3 uncje / 1 ½ szklanki świeżej białej bułki tartej
1 cebula, cienko pokrojona
225 g/8 uncji/2 szklanki mielonej wieprzowiny (rozdrobnionej).
225 g/8 uncji/2 szklanki wołowiny (mielonej).
1 duże jajko
2,5ml/łyżkę soli
175 ml / 6 uncji / 1 puszka mleka gotowanego na parze
2,5 ml/½ łyżeczki uniwersalnej
25 g/2 łyżki margaryny

Wszystkie składniki oprócz margaryny dokładnie wymieszać. Zrób 12 równych kulek. Umieść płytę grzejną w kuchence mikrofalowej zgodnie z instrukcjami na stronie 14 lub w instrukcji obsługi dołączonej do tostera lub kuchenki mikrofalowej. Dodaj margarynę i obracaj patelnię rękami, aż dno całkowicie pokryje się jajkiem. W tej chwili dorośli. Dodać bulion i natychmiast zrumienić. Przykryć folią spożywczą (plastik), aby umożliwić ujście pary i przekroić na pół. Gotuj do 9 1/2 minuty, obracając patelnię cztery razy. Pozostaw na 3 minuty przed podaniem.

Pieczona wieprzowina z ciasteczkami

Wieprzowina jest zaskakująco chrupiąca ze względu na długi czas gotowania mięsa.

Wybierz porcję nóg, 175 g/6 uncji na osobę. Skórkę nakłuć nożem, oprószyć lekko solą i pieprzem. Połóż skórą do dołu na dużym talerzu na stojaku bezpiecznym dla kuchenek mikrofalowych. Przykryć pergaminem. Otwórz jak stek i gotuj przez 9 minut przy 450 g/1 funt. Aby uzyskać równomierne gotowanie, obracaj patelnię co 5 minut i trzymaj ręce z dala od źródła ciepła. Odpocznij przez 6 minut w połowie czasu gotowania. Po ugotowaniu przenieś kawałki na deskę do krojenia i przykryj podwójną folią. Wymieszać z warzywami, cebulą i czosnkiem i odstawić na 8 minut przed podaniem.

Pieczona wieprzowina z miodem

Przed przygotowaniem mielonej wieprzowiny, ale przed przyprawieniem jej solą i pieprzem, posmaruj ją 90 ml/6 łyżek miodu zmieszanych z 20 ml/1 łyżką przygotowanej musztardy i 10 ml/2 łyżek sosu Worcestershire.

Wieprzowina z czerwoną kapustą

nosisz 4

To zimowa praca, kiedy na Boże Narodzenie napełniasz słoiki i puszki czerwoną kapustą. Podawać z puree ziemniaczanym i natką pietruszki.

450 g gotowanej czerwonej kapusty
4 pomidory, obrane, pozbawione nasion i posiekane
10 ml / 2 łyżki soli
4 polędwiczki wieprzowe, pokrojone w plastry 175g/6oz
10ml/2 łyżki sosu sojowego
2,5 ml/łyżkę soli czosnkowej
2,5 ml/½ łyżeczki papryki
15 ml / 1 łyżka miękkiego ciemnobrązowego cukru

Umieść kapustę w naczyniu o średnicy 20 cm (piekarnik holenderski). Pomidory wymieszaj z solą i ułóż klopsiki na wierzchu. Wlej sos sojowy i posyp pozostałymi składnikami. Przykryj folią spożywczą (plastik), aby wypuścić parę i przekroić na pół Gotować przez 15 minut, odwracając garnek na płasko Odstawić na 4 minuty przed podaniem.

Wieprzowina po rumuńsku

nosisz 4

15 ml/1 łyżka oliwy z oliwek
1 mała cebula, posiekana

1 cebula czosnek, posiekana
4 filety wieprzowe, po 125 g/4 uncji każdy, mielone do miękkości
60 ml / 4 łyżki soku pomidorowego
5 ml/1 łyżka suszonego oregano
125 g sera mozzarella, pokrojonego w plastry
30 ml / 2 łyżki
polenta

Wlej olej do głębokiej patelni o średnicy 25 cm. Podgrzewać dokładnie przez 1 minutę. Wymieszaj cebulę i czosnek. Zamieszaj dwukrotnie i gotuj na pełnym ogniu przez 4 minuty. Dodaj wieprzowinę na patelnię w jednej warstwie. Gotuj na pełnym ogniu przez 2 minuty. Gotuj ponownie przez 2 minuty i gotuj. Wymieszaj z sokiem pomidorowym i oregano, ułóż na wierzchu plastry mozzarelli, a następnie posyp kaparami. Przykryć folią spożywczą (plastik), aby umożliwić ujście pary i przekroić na pół. Gotuj przez 2-3 minuty lub do momentu, aż ser dobrze się rozpuści. Pozostaw cebulę na 1 minutę przed podaniem.

Danie z wieprzowiny i warzyw

6-8 posiłków

15 ml / 1 łyżka oleju słonecznikowego lub kukurydzianego

1 cebula, starta

2 ząbki czosnku, drobno posiekane

675 g wieprzowiny pokrojonej w plastry o grubości 1,5 cm

30 ml / 2 łyżki zwykłej (uniwersalnej) mąki.

5 ml/1 łyżeczka suszonego majeranku

5 ml/1 drobno starta skórka z pomarańczy

200 g / 7 uncji / 1¾ szklanki puszki lub rozmrożonej mieszanki ciecierzycy i marchwi

200 g / 7 uncji / 1½ szklanki słodkiej kukurydzy (kukurydzianej)

300 ml/½ pt/1¼ szklanki różowego wina

150 ml/¼ pt./2/3 szklanki ciepłej wody

5 ml/1 porcja soli

Wlej olej do 2-litrowego / 3 ½ kwarty / 8 ½ szklanki rondla (piekarnik holenderski). Włącz ogrzewanie na 1 minutę. Wymieszaj cebulę i czosnek. Zamieszaj dwukrotnie i gotuj na pełnym ogniu przez 4 minuty. Dodaj wieprzowinę. Przykryj patelnię talerzem i gotuj przez łącznie 4 minuty. Wymieszaj mąkę, upewniając się, że kawałki mięsa są dobrze pokryte. Dodaj wszystkie składniki oprócz soli. Przykryć folią spożywczą (plastik), aby umożliwić ujście pary i przekroić na pół. Gotuj przez 17 minut, obracając patelnię cztery razy. Odstaw na 5 minut przed dodaniem soli i podaniem.

Chili wieprzowina

nosisz 4

4 żeberka wieprzowe, 225 g/8 uncji każde, chude

10 ml/2 porcje przyprawy chili lub cajun

5 ml/1 część czosnku w proszku

400g/14 uncji/1 duża puszka czerwonej fasoli

400g/14 uncji/1 duży pomidor

30 ml / 2 łyżki świeżo posiekanej kolendry

2,5ml/łyżkę soli

Umieść sadzonki o średnicy 30 cm / głębokości 12 cm. Posypać słodkimi przyprawami i czosnkiem w proszku. Przykryć folią spożywczą (plastik), aby umożliwić ujście pary i przekroić na pół. Smażymy łącznie 8 minut, dwukrotnie obracając deskę. Otwórz i posmaruj sokiem fasolę i pomidory. Posypać kolendrą i solą. Przykryj jak poprzednio i gotuj przez 15 minut, obracając 3 razy. Pozostaw na 5 minut przed podaniem.

Wieprzowina z chutneyem i mandarynką

nosisz 4

4 żeberka wieprzowe, 225 g/8 uncji każde, chude
350g/12oz/1 duże pudełko mandarynek w lekkim winie
5 ml/1 papryka
20 ml/4 porcje sosu sojowego
45 ml/3 łyżki pulpy owocowej, w razie potrzeby dopraw
2 ząbki czosnku, drobno posiekane
Ryż

Umieść sadzonki o średnicy 30 cm / głębokości 12 cm. Odcedź mandarynki i pokrój owoce na ćwiartki, zachowując 30 ml/2 łyżki syropu. Ryż z odsączonym syropem posypać resztą składników i włożyć łyżkę mandarynki. Przykryć folią spożywczą (plastik), aby umożliwić ujście pary i przekroić na pół. Gotuj przez 20 minut, obracając garnek cztery razy. Odstaw na 5 minut, a następnie podawaj z ryżem.

Żeberka na grillu.

nosisz 4

1 kg wieprzowiny lub żeberek

50 g masła lub margaryny

15 ml / 1 łyżka ketchupu pomidorowego (kot)

10ml/2 łyżki sosu sojowego

5 ml/1 papryka

1 cebula czosnek, posiekana

5 ml/1 łyżeczka ostrego sosu chili

Umyć i osuszyć wieprzowinę i pokroić na pojedyncze żeberka. Umieść w kuchence mikrofalowej najszerszym węższym bokiem, najwęższą stroną każdego żebra w kierunku środka. Przykryć folią spożywczą (plastik), aby umożliwić ujście pary i przekroić na pół. Gotuj przez 10 minut, obracając patelnię trzy razy. Aby się rozdzielić, wymieszaj pozostałe składniki w misce i mieszaj na patelni na małym ogniu przez 2 minuty. Otwórz pokrywki i ostrożnie wylej olej. Posmarować połową oleju. Gotuj na pełnym ogniu przez 3 minuty. Rozsmarować językiem i rozsmarować pozostałymi kulkami. Gotuj na pełnym ogniu przez 2 minuty. Pozostaw na 3 minuty przed podaniem.

Cykoria zawijana w szynkę w sosie serowym

nosisz 4

W swoim kraju pochodzenia, Belgii, nazywa się to chicorées au der. Srebrzystobiałe zioła na szynkach i polane prostym sosem serowym to kulinarne arcydzieło.

Około 8 głów (endywia belgijska). Łącznie 1 kg / 2¼ stopy

150 ml/¼ pt./2/3 szklanki wrzątku

15 ml/1 łyżka soku z cytryny

8 dużych kawałków szynki

600 ml / 1 sztuka / 2½ szklanki mleka

50 g masła lub margaryny

45 ml/3 łyżki mąki zwykłej (uniwersalnej).

175 g/6 uncji/1½ kubka sera edamskiego, startego

Sól i świeżo mielony pieprz

Do podania smażonych ziemniaków (frytki).

Przytnij cykorię, usuwając wszelkie posiniaczone lub uszkodzone zewnętrzne liście i pokrój każdy w idealny kształt stożka, aby uniknąć gorzkiego smaku. Końce ułożyć jak końce koła w głębokim naczyniu o średnicy 30 cm. Dolewamy wodę i sok z cytryny. Przykryć folią spożywczą (plastik), aby umożliwić ujście pary i przekroić na pół. Piecz przez 14 minut, dwukrotnie obracając patelnię. Pozostawić na 5 minut, następnie dokładnie spłukać. Umyj i osusz płytkę. Gdy cykoria się podgrzeje, przykryj każdą z nich ręcznikiem i wróć na talerz. Mleko umieścić w rondelku i podgrzewać bez przykrycia przez 3 minuty. Umieść czosnek lub margarynę w rondlu o pojemności 1,2 l/2 porcji/5 filiżanek i roztop całkowicie przez 1 minutę. Wlewamy mąkę, a następnie powoli mleko. Gotuj przez 5-6 minut, mieszając co minutę, aby zapewnić konsystencję, aż sos zgęstnieje i zgęstnieje. Wymieszać z serem i przyprawami. Równomiernie polać cykorię i szynkę. Przykryć talerzem i podgrzewać maksymalnie 3 minuty. Pozostaw na 3 minuty. Brązowy, zwykle podawany na gorąco na grillu (brojler) i wedle uznania z frytkami.

Żeberka wieprzowe w lepkim pomarańczowym sosie barbecue

nosisz 4

1 kg wieprzowiny lub żeberek
30 ml / 2 łyżki soku z cytryny
30 ml/2 łyżki sosu sojowego
5 ml/1 łyżeczka japońskiego proszku wasabi
15 ml/1 łyżka sosu Worcestershire
300 ml / ½ pt / 1¼ szklanki świeżego soku pomarańczowego
30 ml / 2 łyżki konfitury ciemnopomarańczowej
10 ml/2 łyżki gotowej musztardy
1 cebula czosnek, posiekana
Chińskie gotowe jedzenie
Kilka plasterków pomarańczy do dekoracji

Umieść żeberka w dużej, głębokiej misce. Przykryć folią spożywczą (plastik), aby umożliwić ujście pary i przekroić na pół. Smaż przez 7 minut, dwukrotnie obracając patelnię. Ostrożnie otwórz i spuść olej. Wymieszaj pozostałe składniki poza daniem i polej żeberka. Lekko przykryć papierem kuchennym i piec przez 20 minut, obracając patelnię cztery razy i za każdym razem polewając sosem. Jedz sam z gotowanym chińskim makaronem i plasterkami pomarańczy.

Pudding ze steków i grzybów

nosisz 4

Ten stary angielski skarb działa jak marzenie w kuchence mikrofalowej, a ciasto (ciasto) też działa dobrze. Sztuczka polega na użyciu wstępnie ugotowanego mięsa, takiego jak domowy gulasz lub mięso w puszkach, ponieważ surowe mięso łączy się podczas gotowania w płynie w kuchence mikrofalowej.

Na torcie:
175 g/6 uncji/1 ½ szklanki mąki samorosnącej
2,5ml/łyżkę soli
50 g / 2 uncje / ½ szklanki mięsa mielonego lub łoju wegetariańskiego
90 ml/6 łyżek zimnej wody

Wypełnić:
450g/1lb pieczeń wołowa z sosem
125 g pieczarek

Aby zrobić ciasto, wymieszaj mąkę i sól w misce. Za pomocą widelca wymieszaj tyle wody, aby uzyskać gładkie, ale nie lejące się ciasto. Delikatnie zagnieść, aż będzie gładkie, a następnie rozwałkować na okrąg o średnicy 30 cm. Pokroić na ćwiartki i trzymać pod przykryciem. Dobrze wysmaruj masłem i wyłóż tortownicę o pojemności 900 ml / 1½ pt / 3¾ szklanki, zaczynając od dołu i boków formy do górnej krawędzi, robiąc fałdy opuszkami palców. Uszczelnij połączenia mokrymi palcami.

Aby przygotować nadzienie, podgrzej rostbef i pieczarki w kuchence mikrofalowej lub na średnim ogniu. Spokojnie Wlać do naczynia do pieczenia. Rozwałkuj połączone ciasto, aby uformować wieczko, zwilż krawędź i uszczelnij przed włożeniem ciasta. Przykryć folią spożywczą (plastik), aby umożliwić ujście pary i przekroić na pół. Piecz przez 7 minut, aż ciasto dobrze wyrośnie. Odstawić na 3 minuty, następnie przełożyć na talerze.

Mleko stekowe i nerkowe

nosisz 4

Przygotuj stek i budyń grzybowy, ale użyj 450 g/1 funta mieszanki gulaszu i nerek.

Stek i budyń z kasztanów

nosisz 4

Zrób stek i budyń grzybowy, ale zastąp grzyby całymi kasztanami.

Uprażyć orzechy i posolić zupę

nosisz 4

Przygotuj stek i budyń grzybowy, ale zastąp grzyby 4 solonymi orzechami włoskimi i 8 morelami.

Południowoamerykańskie „ciasto mięsne".

nosisz 4

2 cebule, drobno posiekane lub posiekane
275 g nieobranej, niebieskiej lub zielonej dyni, posiekanej
1 duży pomidor, zmiksowany, obrany i posiekany
450 g/1 lb/4 szklanki mielonej wołowiny
5-10 ml / 1-2 łyżeczki soli
ryż brazylijski

Umieścić warzywa i steki w piecu holenderskim o średnicy 20 cm. Przykryć folią spożywczą (plastik), aby umożliwić ujście pary i przekroić na pół. Gotuj przez 10 minut, obracając patelnię trzy razy. Przykryj i dobrze potrzyj, aby rozbić mięso. Przykryć talerzem, raz wymieszać i gotować na pełnym ogniu przez 5 minut. Odstawić na 3 minuty i doprawić solą. Mięso będzie miało świetną teksturę w surowym sosie. Podawać z ryżem brazylijskim.

Brazylijski placek mięsny z jajkami i oliwkami

nosisz 4

Przygotuj południowoamerykańską wołowinę, ale pomiń dynię, zieleninę lub jagody. Dodaj 60ml/4 łyżki stołowe do mieszanki mięsnej. Skróć początkowy czas posiłku do 7 minut. Po zakończeniu wymieszaj 3 jajka na twardo i 12 zielonych oliwek.

Kanapka Rubena

Usługi 2

Każdy Amerykanin może potwierdzić, że Open Reuben Sandwich to delikatesowe małżeństwo od Nowego Jorku po Kalifornię.

2 duże kromki ciemnego lub żytniego chleba
majonez
175 g/6 uncji mielonej wołowiny, pastrami lub szpinaku, cienko pokrojone
175g szpinaku wodnego
4 cienkie plasterki sera gruyère (szwajcarskiego) lub emmentalera

Chleb posmarować majonezem i ułożyć plastry na dużym talerzu. Podgrzewać bez przykrycia przez 1,5 minuty. Delikatnie naciśnij szpatułką, aby równomiernie pokryć każdy stek i czosnek. Przykryć serem. Zapiekać przez 1,5 minuty, aż ser całkowicie się roztopi. Zjedz natychmiast.

Wołowina Chow Mein

nosisz 4

Przygotuj go jak Chicken Chow Mein, ale zamiast wołowiny z kurczakiem.

Wołowina Sue

nosisz 4

Przygotuj to samo co Chicken Chop Suey, ale zastąp kurczaka wołowiną.

Ciesz się bakłażanem i wołowiną

Drzwi 6

Ta specjalność Luizjany jest bardzo szanowana i kochana przez mieszkańców.

4 cukierki (porcja)
10 ml / 2 łyżki soli
45 ml/3 łyżki wrzącej wody
1 cebula, drobno posiekana

450 g/1 lb/4 szklanki wołowiny (mielonej).
75 g / 3 uncje / 1 ½ szklanki świeżej białej bułki tartej
1,5-2,5 ml / ¼ - ½ łyżeczki sosu chili
Sól i świeżo mielony pieprz
25 g / 1 uncja / 2 łyżki oleju
250 g/8 uncji/2¼ kubka długoziarnistego ryżu amerykańskiego, ugotowanego

Zalej ogon, umyj i pokrój mięso w kostkę. Umieść w dużej misce lub misce i wymieszaj z solą i wrzącą wodą. Przykryć folią spożywczą (plastik), aby umożliwić ujście pary i przekroić na pół. Gotuj przez 14 minut. Pozostaw na 2 minuty. Dobrze odcedź, a następnie umieść w blenderze lub robocie kuchennym i miksuj, aż się zmiesza. Dobrze wysmaruj blachę do pieczenia. Wymieszaj puree z bakłażana, cebulę, wołowinę, połowę bułki tartej, sos pieprzowy oraz sól i świeżo zmielony czarny pieprz do smaku. Olej jest podgrzewany w kotle. Posypać pozostałą bułką tartą, a następnie ghee. Gotuj na pełnym ogniu przez 10 minut. W razie potrzeby grilluj pod gorącym grillem (grill) przed podaniem jako dodatek. Podawać z ryżem.

Pasztet curry

Drzwi 8

675 g/1½ funta/6 filiżanek chudej wołowiny (mielonej).
50g/2oz/1 szklanka świeżej bułki tartej
1 cebula czosnek, posiekana
1 duże jajko
300 ml/10 fl oz/1 skondensowana zupa pomidorowa
6 pomidorów
10ml/2 łyżki sosu sojowego
15-30 ml / 1-2 łyżki łagodnego curry w proszku
15 ml / 1 łyżka przecieru pomidorowego (pasta)

1 kostka bulionu wołowego

75 ml/5 łyżek Mango Chew

Podawać z ugotowanym ryżem lub puree ziemniaczanym

Wymieszaj mięso, bułkę tartą, czosnek i jajko. Rozwałkuj 16 kulek i umieść je na krawędzi talerza o średnicy 25 cm. Resztę składników wymieszać i polać kulki. Przykryć folią spożywczą (plastik), aby umożliwić ujście pary i przekroić na pół. Piec przez 18 minut, obracając patelnię cztery razy. Pozostaw na 5 minut. Otwórz i posmaruj zupy sosem. Pozostaw bez przykrycia i podgrzewaj przez kolejne 1,5 minuty. Podawać z ugotowanym na parze ryżem lub puree ziemniaczanym.

Włoskie pulpety

nosisz 4

15 ml / 2 łyżki oliwy z oliwek

1 cebula, starta

2 ząbki czosnku, drobno posiekane

450 g/1 lb/4 szklanki wołowiny (mielonej).

75 ml / 5 łyżek świeżej białej bułki tartej

1 jajko, ubite

10 ml / 2 łyżki soli

400 g / 1¾ szklanki passaty (odsączonych pomidorów)

10 ml / 2 łyżki miękkiego ciemnobrązowego cukru

5 ml/1 suszona bazylia lub oregano

Wlej olej do naczynia o głębokości 20 cm / 8 cali. Dodaj cebulę i czosnek. Gotuj na pełnym ogniu przez 4 minuty. Mięso wymieszać z bułką tartą, jajkiem i połową soli. Zrób 12 małych kulek. Dodaj do garnka i gotuj na wysokim poziomie przez 5 minut, obracając pierogi w połowie czasu gotowania. Wymieszaj makaron, cukier, oregano i resztę soli. Wlać zupy. Przykryć folią spożywczą (plastik), aby umożliwić ujście pary i przekroić na pół. Gotuj przez 10 minut, obracając patelnię trzy razy. Pozostaw na 3 minuty przed podaniem.

Szybkie pierogi z papryką

Usługi 4-6

Jest dobry ze zwykłymi gotowanymi ziemniakami lub frytkami (frytkami), jeśli naprawdę utkniesz!

450 g/1 lb/4 szklanki wołowiny (mielonej).

50g/2oz/1 szklanka świeżej bułki tartej

1 cebula czosnek, posiekana

1 duże jajko

300 ml / ½ szt. / 1¼ szklanki passaty (pomidory odsączone)

300 ml / ½ pt / 1¼ szklanki wrzącej wody

30 ml / 2 łyżki suszonej papryki czerwonej i zielonej (olej).

10 ml/2 porcje papryki

5 ml / 1 kminek (opcjonalnie)

10 ml / 2 łyżki miękkiego ciemnobrązowego cukru

5 ml/1 porcja soli
150ml/5 uncji/2/3 szklanki śmietany (mleka).

Wymieszaj mięso, bułkę tartą, czosnek i jajko. Zrób 12 kulek. Głębokie naczynie o średnicy 20 cm / 8 cm wyłożyć Makaron wymieszać z wodą. Dodaj ziarna pieprzu, paprykę, nasiona kminku i cukier, jeśli używasz. Połóż zupy. Przykryć folią spożywczą (plastik), aby umożliwić ujście pary i przekroić na pół. Gotuj przez 15 minut, obracając patelnię trzy razy. Odstawić na 5 minut, doprawić solą i śmietaną. Podgrzewać przez 2 minuty.

Stek z ziołami

Drzwi 8

900 g/2 lb/8 filiżanek mielonej wołowiny (rozdrobnionej).
2 duże jajka
1 kostka bulionu wołowego
1 mała cebula, drobno posiekana
60 ml / 4 łyżki zwykłej (uniwersalnej) mąki.
45 ml / 3 łyżki ketchupu pomidorowego (kot)
10 ml/2 porcje mieszanki suchych ziół
10ml/2 łyżki sosu sojowego
Udekorować bułką tartą i plasterkami skórki pomarańczowej

Wszystkie składniki oprócz sosu sojowego dobrze wymieszać. Rozłóż masło na prostokątnej patelni o pojemności 1¼ kwarty / 2 kwarty / 5 filiżanek. Wierzch posmarować sosem sojowym. Przykryć folią spożywczą (plastik), aby umożliwić ujście pary i przekroić na pół. Doprowadzić do wrzenia przez 10 minut, a następnie mikrofalować przez 5 minut. Obróć patelnię cztery razy i rozmrażaj przez kolejne 12 minut. Odstawić na 5 minut, następnie odcedzić i ostrożnie odsączyć z nadmiaru tłuszczu i soków, które można wykorzystać do dressingów i sosów. Pozostaw do ostygnięcia, a następnie ostrożnie przełóż na talerz i udekoruj bułką tartą i plasterkami pomarańczy. podawany jest w plasterkach.

Stek z ciecierzycy po malezyjsku z kokosem

nosisz 4

2 cebule, cienko pokrojone
1 cebula czosnek, posiekana
450 g / 1 l / 4 szklanki mielonej wołowiny
125 g/1/2 szklanki prasowanego masła orzechowego
45ml/3 łyżki wiórków kokosowych (rozdrobnionych).
2,5 ml/łyżkę sosu chilli
15ml/1 łyżka sosu sojowego
2,5ml/łyżkę soli
300 ml / ½ pt / 1¼ szklanki wrzącej wody
175g/1½ szklanki ugotowanego ryżu
sól przyprawowa (opcjonalnie)

Umieść cebulę, czosnek i wołowinę w naczyniu żaroodpornym o pojemności 1,5 kwarty / 2½ kwarty / 6 filiżanek (piekarnik holenderski). Dobrze wymieszaj widelcem, upewniając się, że stek jest dobrze rozdrobniony. Przykryć folią spożywczą (plastik), aby umożliwić ujście pary i przekroić na pół. Smażymy łącznie 8 minut, dwukrotnie obracając deskę. Otwórz i wymieszaj wszystkie składniki oprócz ryżu. Przykryj jak poprzednio i gotuj przez kolejne 8 minut, obracając patelnię trzy razy. Pozostaw na 3 minuty. Odkryj, wymieszaj i podawaj z gotowanym ryżem i orientalnymi piklami, jeśli chcesz.

Szybki stek i bułki majonezowe

Drzwi 6

Świetne danie główne na obiad, bardziej luksusowe niż można się spodziewać po tak szybkim posiłku.

750 g/1½ funta/6 filiżanek chudej wołowiny (mielonej).
15 ml / 1 łyżka suszonej papryki czerwonej i zielonej (olej).
15 ml / 1 łyżka drobno posiekanej natki pietruszki
7,5 ml / 1½ łyżeczki proszku cebulowego
30 ml / 2 łyżki zwykłej (uniwersalnej) mąki.
60 ml / 4 łyżki gęstego majonezu
7,5 ml/1 ½ łyżeczki musztardy w proszku
5 ml/1 sos sojowy

Nasmaruj 20 cm/8 cali. Mięso połączyć z pozostałymi składnikami i ostrożnie ułożyć na talerzu. Przykryć folią spożywczą (plastik), aby umożliwić ujście pary i przekroić na pół. Gotuj przez 12 minut, obracając garnek cztery razy. Pozostawić na 5 minut, następnie wyjąć chleb z miski dwiema szpatułkami i pozostawić olej. Przenieś na talerz do serwowania i pokrój w sześć kostek do serwowania.

Stek duszony w czerwonym winie

nosisz 4

Lekki i pyszny, zwłaszcza klasyczny makaron z serem lub słodkimi ziemniakami i ewentualnie faszerowanymi sercami karczochów podgrzanymi w odrobinie oleju.

30 ml / 2 łyżki masła lub margaryny
2 duże cebule, starte
1 cebula czosnek, posiekana
125 g pieczarek, pokrojonych w cienkie plasterki
450 g wołowiny, pokrojonej na małe kawałki (powyżej)
15 ml / 1 łyżka przecieru pomidorowego (pasta)
15 ml / 1 łyżka posiekanej natki pietruszki
15 ml/1 łyżka mąki kukurydzianej (skrobi kukurydzianej)
5 ml / 1 łyżeczka, jeśli jest bardzo ostra
300 ml / ½ pt / 1¼ szklanki wytrawnego czerwonego wina

5 ml/1 porcja soli

Włóż masło lub margarynę do piekarnika o średnicy 20 cm (piekarnik holenderski). Odkrywać podczas topienia przez 1-1 ½ minuty. Wymieszaj z cebulą, czosnkiem i pieczarkami. Gotuj na pełnym ogniu przez 5 minut. Wymieszaj stek i przesuń miksturę na krawędź patelni, pozostawiając miejsce na środku. Przykryć talerzem i gotować przez 5 minut. W międzyczasie wymieszaj przecier pomidorowy, pietruszkę, kukurydzę i musztardę. Ostrożnie wmieszaj czerwone wino i wymieszaj z resztą. Delikatnie wmieszaj do mieszanki wołowej. Przykryj pokrywką i gotuj na pełnym ogniu przez 5 minut, dwukrotnie mieszając. Pozostaw na 3 minuty. Dopraw solą i podawaj.

płaska woda

6-8 posiłków

750 g słodkiego (bakłażana)
1 sok z cytryny
20 ml / 4 łyżki oliwy z oliwek
1-2 ząbki czosnku, posiekane
250 ml/8 fl oz/1 szklanka frais frais lub twarogu
15 ml / 1 łyżka posiekanej bułki tartej
1,5 ml / ¼ łyżeczki cukru trzcinowego (drobny).
7,5-10 ml / 1½ - 2 łyżeczki soli

Wlej jajko na wierzch i przekrój wzdłuż na pół. Ułożyć na dużym talerzu i przykryć papierem kuchennym. Gotuj przez 8-9 minut lub do miękkości. Zmiel mięso bezpośrednio w robocie kuchennym i dodaj pozostałe składniki. Przetwarzaj, aż będzie gładkie i kremowe. Przykryj, przykryj i lekko ostudź przed podaniem.

Jest marynowany w mieszance warzyw, pomidorów i ziół

6-8 posiłków

750 g słodkiego (bakłażana)
5 ml / 1 łyżka posiekanej bułki tartej
75 ml/3 porcje posiekanych liści kolendry
5 ml/1 część posiekanej natki pietruszki
3 pomidory, obrane, pozbawione nasion, pokrojone w cienkie plasterki

Wlej jajko na wierzch i przekrój wzdłuż na pół. Ułożyć na dużym talerzu i przykryć papierem kuchennym. Gotuj przez 8-9 minut lub do miękkości. Umieść mięso bezpośrednio w robocie kuchennym i dodaj pozostałe składniki oprócz pomidorów. Przetwarzaj, aż będzie gładkie i kremowe. Wymieszaj pomidory, a następnie przełóż na talerz i pozostaw do ostygnięcia przed podaniem.

Bliskowschodni sos tahini z bakłażana

6-8 posiłków

750 g słodkiego (bakłażana)
45 ml / 3 łyżki tahini (pasta z ogórka)
Sok z 1 małej cytryny
1 ząbek czosnku, cienko pokrojony
25 ml/1 ½ łyżki oliwy z oliwek
1 mała cebula, pokrojona w plasterki
60 ml / 4 łyżki posiekanych liści kolendry
5 ml/1 część cukru trzcinowego (bardzo drobnego).
5-10 ml / 1-2 łyżeczki soli

Wlej jajko na wierzch i przekrój wzdłuż na pół. Ułożyć na dużym talerzu i przykryć papierem kuchennym. Gotuj przez 8-9 minut lub do miękkości. Zdejmij skórę z mięsa bezpośrednio w robocie kuchennym. Dodać pozostałe składniki i sól do smaku. Przetwarzaj, aż będzie gładkie i kremowe. Ułożyć na talerzu i podawać w temperaturze pokojowej.

Turecki migdał

6-8 posiłków

750 g słodkiego (bakłażana)
30 ml / 2 łyżki oliwy z oliwek
Sok z 1 dużej cytryny
2,5-5 ml / ½ - 1 łyżeczka soli
2,5 ml / ½ łyżeczki cukru trzcinowego (drobny).
Udekoruj czarnymi oliwkami, paskami czerwonej papryki (olej) i plasterkami pomidora

Wlej jajko na wierzch i przekrój wzdłuż na pół. Ułożyć na dużym talerzu i przykryć papierem kuchennym. Gotuj przez 8-9 minut lub do miękkości. Zmiel mięso bezpośrednio w robocie kuchennym i dodaj pozostałe składniki. Zrób gładką owsiankę półwłóknistą. Ułóż na talerzu i udekoruj oliwkami, czerwoną papryką i plasterkami pomidora.

greckie zanurzenie

6-8 posiłków

750 g słodkiego (bakłażana)
1 mała cebula, drobno posiekana
2 ząbki czosnku, cienko pokrojone
5 ml/1 część octu słodowego
5 ml/1 łyżeczka soku z cytryny
150 ml/¼ pt/2/3 szklanki lekkiej oliwy z oliwek
2 duże pomidory, pozbawione nasion, bez pestek i grubo posiekane
Udekoruj pietruszką, zieloną lub czerwoną papryką (olejem) i małymi krążkami czarnych oliwek

Wlej jajko na wierzch i przekrój wzdłuż na pół. Ułożyć na dużym talerzu i przykryć papierem kuchennym. Gotuj przez 8-9 minut lub do miękkości. W robocie kuchennym zdejmij skórę z mięsa i dodaj cebulę, czosnek, ocet, sok z cytryny i olej. Dobrze poddaj recyklingowi. Przełożyć do dużej miski i wymieszać z pomidorami. Ułożyć na talerzu i udekorować natką pietruszki, krążkami pieprzu i oliwkami.

Cau bagno

Usługi 4-6

Bardzo elegancka i niepowtarzalna włoska kąpiel Ansi powinna być utrzymywana w cieple w piecu spirytusowym w jadalni. Pierogi to zazwyczaj surowe lub gotowane warzywa. Używaj tylko jasnozłotej oliwy z oliwek z pierwszego tłoczenia, ponieważ jest miękka i delikatna lub smak może być zbyt mocny.

30 ml / 2 łyżki oliwy z oliwek
25g/1oz/2 łyżki niesolonego masła (słodkiego).
1 cebula czosnek, posiekana
50g / 2 uncje / 1 mała miska plastry anchois
60 ml / 4 łyżki drobno posiekanej natki pietruszki
15 ml / 1 łyżka drobno posiekanych liści bazylii

W żaroodpornym naczyniu umieść olej, masło i czosnek. Dodaj olej z garnka wraz z anyżem, pietruszką i bazylią. Anchois kroimy w cienkie plasterki i dodajemy na patelnię. Częściowo przykryj patelnię talerzem i gotuj na patelni przez 3-4 minuty, aż sos będzie gorący. Włącz gorący piec i utrzymuj ciepło podczas jedzenia.

do widzenia

nosisz 4

Przepis z Luizjany, wrócił ze mną z tej parnej części Ameryki Północnej.

2 cukierki (bakłażan) razem 550 g
1 cebula, cienko pokrojona
1 duża cebula, cienko pokrojona
½ zielonej papryki (olej), pozbawionej pestek i pokrojonej w cienkie plasterki
30 ml / 2 łyżki oleju słonecznikowego lub kukurydzianego
3 pomidory, obrane i pokrojone w plasterki
75 g / 3 uncje / 1 ½ szklanki świeżej białej bułki tartej
Sól i świeżo mielony czarny pieprz
50 g startego sera cheddar

Ostrym nożem nakłuć skórkę wokół każdego naskórka. Ułożyć na talerzu, przykryć papierem kuchennym i gotować w sumie 6 razy, raz obracając. Powinno być gładkie, ale jeśli nie, kontynuuj gotowanie przez 1-2 minuty. Przetnij każdą na pół wzdłuż, a następnie umieść mięso w blenderze lub robocie kuchennym i wyrzuć skórę. Proces puree. Umieść seler, cebulę, zieloną paprykę i olej w 2-kwartowym piekarniku (piekarnik holenderski), przykryj pokrywką i gotuj na pełnym ogniu przez 3 minuty. Dodaj puree ziemniaczane, pomidory, bułkę tartą, sól i pieprz i gotuj przez kolejne 3 minuty. Przykryć, posypać serem i gotować bez przykrycia przez 2 minuty. Odstaw na 2 minuty przed podaniem.

Koktajl Solone Grzyby

Drzwi 8

60 ml / 4 łyżki octu z czerwonego wina
60 ml / 4 łyżki oleju słonecznikowego lub kukurydzianego
1 cebula, bardzo cienka
5 ml/1 porcja soli
15 ml / 1 łyżka posiekanych liści kolendry
5 ml/1 porcja musztardy
15 ml / 1 łyżka miękkiego brązowego cukru
5 ml/1 porcja sosu Worcestershire
pieprz cayenne
350g grzybów

Ocet, olej, cebula, sól, kolendra, musztarda, cukier i sos Worcestershire w 2-litrowym piekarniku (piec holenderski). Przykryć talerzem i gotować na dużym ogniu przez 6 minut. Wmieszać grzyby. Po schłodzeniu przykryć i wstawić do lodówki na około 12 godzin. Odcedzamy i moczymy w wodzie ze śmietaną.

Pieczony bakłażan faszerowany jajkiem i orzeszkami pinii

Usługi 2

2 cukierki (bakłażan) razem 550 g
10 ml/2 łyżki soku z cytryny
75 g / 3 uncje / 1½ szklanki białej lub brązowej świeżej bułki tartej
45 ml / 3 łyżki prażonych orzeszków pinii
7,5 ml / 1½ łyżeczki soli
1 cebula czosnek, posiekana
3 jajka na twardo, posiekane
60 ml / 4 łyżki mleka
5 ml/1 łyżeczka suchej mieszanki ziół
20 ml / 4 łyżki oliwy z oliwek

Ostrym nożem nakłuć skórkę wokół każdego naskórka. Ułożyć na talerzu, przykryć papierem kuchennym i gotować w sumie 6 razy, raz obracając. Powinno być gładkie, ale jeśli nie, kontynuuj gotowanie przez 1-2 minuty. Przetnij każdą stronę jagnięciny na pół, a następnie umieść mięso w blenderze lub robocie kuchennym, pozostawiając nienaruszoną skórę. Dodać sok z cytryny i zmiksować na gładką masę. Włóż do miski i wymieszaj wszystkie składniki oprócz oleju. Umieść grzyby w skórce i umieść węższymi końcami w kierunku środka naczynia. Wlać olej na wierzch, przykryć papierem kuchennym i podgrzewać przez 4 minuty. Jeść na gorąco lub na zimno.

Pieczarka grecka

nosisz 4

1 zestaw kopert
1 cebula czosnek, posiekana
2 liście zwoju
60 ml / 4 łyżki wody
30 ml / 2 łyżki soku z cytryny
15 ml / 1 łyżka octu winnego
15 ml/1 łyżka oliwy z oliwek
5 ml/1 porcja soli
450g/1lb pieczarek
30 ml / 2 łyżki posiekanej natki pietruszki

Umieść wszystkie składniki oprócz grzybów i pietruszki w dużej misce. Przykryć talerzem i podgrzewać przez 4 minuty. Dodaj grzyby, przykryj jak poprzednio i gotuj przez kolejne 3,5 minuty. Schłodzić przez kilka godzin, przykryć i wstawić do lodówki. Zdjąć dressing i ułożyć grzyby na czterech talerzach, każdy posypać natką pietruszki i podawać.

Winegret z karczocha

nosisz 4

450g/1lb Karczochy jerozolimskie
Domowy lub kupiony winegret
10 ml/2 łyżki posiekanej natki pietruszki
5 ml/1 łyżka posiekanego estragonu

Umieść karczochy i trochę wody w misce i przykryj talerzem. Gotuj przez 10 minut, dwukrotnie obracając patelnię. Dobrze osusz i pokrój w grube plastry. Wlać winegret. Podzielić na cztery talerze i posypać natką pietruszki i estragonem.

Sałatka Caesar

nosisz 4

Ta klasyczna sałatka, stworzona przez Cesare Cardini w latach dwudziestych XX wieku, zawiera rzadkie ryby. To bardzo prosta przekąska, ale klasycznie pyszna.

1 kosz sałaty (rzymskiej), schłodzonej
1 cebula czosnek, posiekana
60 ml / 4 łyżki oliwy extra virgin
Sól i świeżo mielony czarny pieprz
2 duże jajka
5 ml/1 porcja sosu Worcestershire
Sok z 2 cytryn, przecedzić
90 ml / 6 łyżek świeżo startego parmezanu
50 g/2 uncje/1 szklanka ząbków czosnku

Sałatkę kroimy na 2/5 cm kawałki i wkładamy do salaterki z czosnkiem, oliwą i przyprawami do smaku. Odrzuć ostrożnie. Aby przygotować jajka, wyłóż talerz folią (papierem) i rozbij jajka. Gotuj w zamrażarce przez półtorej minuty. Dodaj do salaterki ze wszystkimi pozostałymi składnikami i mieszaj, aż dobrze się połączą. Ułożyć na talerzach i od razu podawać.

Holenderska cykoria z jajkiem i masłem

nosisz 4

8 główek (endywia belgijska)
30 ml / 2 łyżki soku z cytryny
75 ml / 5 łyżek wrzącej wody
5 ml/1 porcja soli
75 g masła o temperaturze pokojowej i bardzo miękkiego
4 jajka na twardo, posiekane

Pokrój cykorię i każdy kawałek w idealny kształt stożka, aby uniknąć gorzkiego smaku. Ułóż cykorię w jednej warstwie w naczyniu o średnicy 20 cm, dodaj sok z cytryny i wodę. Wrzuć sól. Przykryć folią spożywczą (plastik), aby umożliwić ujście pary i przekroić na pół. Gotuj przez 15 minut. Pozostawić na 3 minuty, a następnie wysuszyć. Podczas gdy cykoria się gotuje, wlej olej, aż będzie jasny i kremowy. Wymieszaj jajka. Umieść cykorię na czterech ciepłych talerzach i zalej ją masą jajeczną. Zjedz natychmiast.

Majonez z jajkami

Rozdział 1

Jedna z typowych francuskich przystawek, majonez jajeczny może się różnić w zależności od przystawki i smaku.

Rozdrobnione liście sałaty
1-2 jajka na twardo, przekrojone na pół
Użyj majonezu lub majonezu ze sklepu
4 groszki konserwowe w oleju
1 pomidor, pokrojony

Połóż sałatkę na talerzu. Posmaruj jajko przecięciem do dołu. Posmarować grubo majonezem i doprawić anchois i plasterkami pomidora.

Jajka Z Majonezem Skordalia

nosisz 4

Uproszczona wersja złożonego sosu czosnkowo-majonezowego z bułką tartą, która dopełnia pełnię smaku i konsystencji jajek.

150 ml/¼ części/2/3 szklanki majonezu
1 cebula czosnek, posiekana
10 ml / 2 łyżki świeżej białej bułki tartej
15 ml/1 łyżka mielonych migdałów
10 ml/2 łyżki soku z cytryny
10 ml/2 łyżki posiekanej natki pietruszki
Rozdrobnione liście sałaty
2 lub 4 jajka na twardo (ugotowane na twardo), podzielone na dwie części
1 czerwona cebula, cienko pokrojona
Małe czarne oliwki greckie do dekoracji

Wymieszaj majonez, czosnek, bułkę tartą, migdały, sok z cytryny i pietruszkę. Sałatkę wyłóż na talerz, na wierzch połóż połówkę jajka. Udekoruj mieszanką majonezu, a następnie udekoruj cebulą i oliwkami.

Scotch Woodcock

nosisz 4

Należy do starej ligi klubów dżentelmenów w mieście i pozostaje jedną z gorących luksusowych kanapek.

4 kromki chleba

czosnek

Gentleman's Relish lub Ansi Paste

2 dodatkowe kremowe tortille

Kilka kropli zakonserwowanych anchois w maśle do dekoracji

Chleb jest opiekany, a następnie masło. Nałóż pędzlem cienką warstwę Gentleman's Relish lub pasty ansi, pokrój każdy plasterek na ćwiartki i trzymaj w cieple. Przygotuj dodatkowe kremowe jajko i polej tosty. Udekoruj plasterkami anchois.

Jajka ze szwedzkim majonezem

nosisz 4

Rozdrobnione liście sałaty
1-2 jajka na twardo, przekrojone na pół
25 ml / 1 ½ łyżeczki jabłko (jabłko)
Wrzuć cukier.
150 ml/¼ pt/2/3 szklanki sosu majonezowego lub użyj majonezu ze sklepu
5 ml / 1 łyżeczka sosu
5-10ml / 1-2 łyżki czarnego lub pomarańczowego sztucznego kawioru
1 jabłko stołowe, cienko pokrojone z czerwoną skórką (deser)

Połóż sałatkę na talerzu. Posmaruj jajko przecięciem do dołu. Oprósz jabłka cukrem pudrem, a następnie wymieszaj z majonezem. Przykryj jajka tą mieszanką, a następnie udekoruj plasterkami marchewki i jabłka.

Sałatka Z Fasoli Tureckiej

Drzwi 6

W Turcji nazywa się to fensia plaki i tak naprawdę jest to puszkowana (morska) fasola i śródziemnomorskie warzywa. To prosta przekąska i wymaga trochę poważnego chleba na boku.

75 ml / 5 łyżek oliwy z oliwek
2 cebule, drobno posiekane
2 ząbki czosnku, drobno posiekane
1 duży dojrzały pomidor, zmiksowany, obrany, pozbawiony nasion i posiekany
1 zielona papryka (olej), usunąć nasiona i bardzo drobno posiekać
10 ml / 2 łyżki cukru trzcinowego (bardzo drobnego).
75 ml / 5 łyżek wody
2,5-5 ml / ½ - 1 łyżeczka soli
30 ml / 2 łyżki mielonego czosnku (szczypiorku)
400g/14 uncji/1 duża puszka fasoli

W rondlu o pojemności 1,75 litra umieścić oliwę, cebulę i czosnek i gotować przez 5 minut, dwukrotnie mieszając. Wymieszaj pomidory, zieloną paprykę, cukier, wodę i sól. Przykryj dwie trzecie formy talerzem i gotuj przez 7 minut, dwukrotnie mieszając. Pozostawić do całkowitego ostygnięcia, przykryć i wstawić do lodówki na kilka godzin. Wymieszaj cebulę i fasolę. Ponownie przykryj i wstaw do lodówki na kolejną godzinę.

Sałatka Z Fasoli Z Jajkami

Drzwi 6

Zrób sałatkę z fasoli po turecku, ale każdą porcję udekoruj pokrojonymi w plasterki jajkami na twardo.

Porady dotyczące puli

Drzwi 6

275 g/10 uncji filetów śledziowych
75g/3oz/1/3 szklanki serka śmietankowego
Sok z połowy cytryny
Przygotuj 2,5 ml/½ łyżeczki musztardy angielskiej lub kontynentalnej
1 ząbek czosnku, cienko pokrojony (opcjonalnie)
Podawać na ciepłych tostach lub herbatnikach (ciasteczkach).

Wskazówki dotyczące mikrofal. Usuń skórę i kości i wyjmij mięso. Przenieś do robota kuchennego z pozostałymi składnikami i przetwarzaj mieszaninę, aż utworzy pastę. Połóż na małym talerzu i spłaszcz wierzch. Przykryć i wstawić do lodówki. Podaje się je na ciepłych tostach lub słonych krakersach.

Garnki

nosisz 4

Kolejny klasyczny przepis British Revival. Podawać ze świeżo upieczonymi cienkimi białymi tostami.

175 g / 6 uncji / ¾ szklanki niesolonego masła (słodkiego).
225g / 8 uncji / 2 szklanki małego groszku
Trochę wszystkiego
biały pieprz
Zrób toast i podawaj

Umieść masło na talerzu i przykryj talerzem. Kuchenka mikrofalowa do stopienia, około 2-3 minut. Dopraw dwiema trzecimi łyżki masła, cebulą i pieprzem. Wlać do czterech brytfanek lub kokilek. Przykryj równomiernie pozostałym ciastem. Przechowywać w lodówce, aż masło będzie twarde. Przełożyć na talerze i zjeść z grzankami.

Jajecznica Z Awokado

nosisz 4

Przepis z lat siedemdziesiątych na lekki posiłek lub pyszną przystawkę.

2 cebule, cienko pokrojone
60 ml / 4 łyżki świeżej białej bułki tartej
2,5 ml / ½ łyżeczki drobno startej skórki z cytryny
5 ml / 1 łyżeczka soli cebulowej
2,5 ml/½ łyżeczki papryki
45 ml / 3 łyżki śmietany (jasnej).
Nowa lokalizacja to Black Pepper
2 średnie awokado, dojrzałe
2 jajka na twardo (ugotowane na twardo), posiekane
20 ml / 4 łyżki bułki tartej
20 ml / 4 części stopionego masła

Połączyć seler, białą bułkę tartą, skórkę z cytryny, cebulę, paprykę i śmietankę i doprawić pieprzem do smaku. Awokado przekrój na pół i usuń pestki. Wydrążyć część mięsa, aby zrobić miejsce na farsz i rozdrobnić. Dodaj mięso do masy jajecznej. Dobrze wymieszaj i dodaj skórkę z awokado. Umieść końcówkę na płytce w kierunku środka. Posypać ugotowaną bułką tartą i skropić olejem. Przykryj papierem kuchennym i podgrzewaj przez 4-5 minut. Zjedz natychmiast.

Awokado faszerowane pomidorem i serem

2 jako dania główne i 4 jako przystawki

Idealna mieszanka dla wegetarian i tych, którzy tak uważają.

2 dojrzałe awokado

Sok z połowy cytryny
50g/2oz/1 szklanka miękkiej brązowej bułki tartej
1 mała cebula, drobno posiekana
2 pomidory, obrane, pozbawione nasion i posiekane
Sól i świeżo mielony czarny pieprz
50 g/½ szklanki twardego sera, startego
pieprz
8 prażonych orzechów włoskich

Awokado przekrój na pół i wyjmij miąższ bezpośrednio na talerz. Dodaj sok z cytryny i dobrze wymieszaj widelcem. Dodać bułkę tartą, cebulę i pomidory, dodać sól i pieprz. Dodać skórki awokado i posypać serem i papryką. Udekoruj każdą połówkę dwoma orzechami włoskimi. Ułożyć na dużym talerzu większą stroną do środka. Przykryj papierem kuchennym i piecz przez 5-5 i pół minuty. Natychmiast podawaj.

Skandynawska sałatka z roladkami i jabłkami

nosisz 4

75 g suszonych jabłek
150 ml/¼ pt./2/3 szklanki wody
3 bułki cebulowe
Bita śmietana lub podwójna śmietana (gęsta) 150 ml/¼ części/2/3 szklanki.

Do podania liścia

Umyj plasterki jabłka, pokrój je na kawałki, włóż do średniej miski i dodaj wodę. Przykryć talerzem i podgrzewać maksymalnie 5 minut. Pozostawić na 5 minut, następnie dokładnie spłukać. Znajdź rolki i pokrój je po przekątnej na paski. Dodaj jabłka i cebulę i wymieszaj ze śmietaną. Przykryj i marynuj w lodówce przez noc. Wymieszaj przed podaniem, a następnie ułóż na osobnych talerzach i podawaj z chrupiącym chlebem.

Mop z sosem curry i sałatką jabłkową

nosisz 4

Przygotuj jak skandynawski rollmop i sałatkę jabłkową, ale zamiast tego połowę z majonezem, a drugą z crème fraîche. Doprawiamy do smaku pastą curry.

Sałata z kozim serem i ciepłym dressingiem

nosisz 4

12 małych listków sałaty
1 pojemnik
20 ostrzy rakietowych
4 oddzielne sery kozie
90 ml / 6 łyżek oleju z pestek winogron
30 ml / 2 łyżki oleju kokosowego
10 ml/2 łyżki wody z kwiatu pomarańczy
10 ml/2 łyżki musztardy Dijon
45 ml / 3 łyżki ryżu lub octu
10 ml / 2 łyżki cukru trzcinowego (bardzo drobnego).
5 ml/1 porcja soli

Umyj i osusz liście sałaty. Odetnij zbiornik na wodę, umyj i wysusz. Rukolę umyć i osuszyć. Ułóż te trzy na czterech dobrze oddzielonych talerzach i umieść ser na środku każdego. Pozostałe składniki włożyć do miski i gotować bez przykrycia przez 3 minuty. Wymieszaj, a następnie polej każdą sałatkę.

Galaretowe Lody Pomidorowe

nosisz 4

4 pomidory, obrane, pozbawione nasion i posiekane

5 ml/1 sztuka drobno posiekanego świeżego korzenia imbiru

5 ml/1 łyżeczka drobno startej skórki z cytryny

20 ml / 4 łyżki żelatyny w proszku

750ml/1¼ sztuki/3 szklanki bulionu drobiowego

30 ml / 2 łyżki przecieru pomidorowego (pasta)

5 ml/1 porcja sosu Worcestershire

5 ml/1 część cukru trzcinowego (bardzo drobnego).

5 ml/1 łyżeczka soli selerowej

20 ml / 4 łyżki

Do siania nasion sezamu

Do serwowania herbatników serowych (herbatników).

Podziel pomidory na cztery duże kieliszki do wina, a następnie posyp imbirem i cytryną. Umieść żelatynę w 1,5-litrowej misce z zarezerwowanymi 75 ml / 5 łyżek i zmiękczaj przez 5 minut. Prawie rozpuszczalny, nierozpuszczalny, rozpuszczony. 2 minuty Resztę zupy wymieszaj z przecierem pomidorowym, sosem Worcestershire, cukrem i solą selerową. Mieszaj powoli, aż będzie gładka, a następnie schłodź, aż lekko zgęstnieje. Wlać pomidory, a następnie schłodzić. Przed podaniem z serowymi krakersami posyp 5 ml/1 łyżkę crème fraîche i posyp sezamem.

Nadziewane pomidory

nosisz 4

Zdrowe, ale wytworne i pyszne, na grzance z masłem lub masłem czosnkowym (cebulowym).

6 pomidorów
1 cebula, starta
50g/2oz/1 szklanka świeżej bułki tartej
5 ml / 1 łyżka przygotowanej musztardy
5 ml/1 porcja soli
15 ml/1 łyżka posiekanego szczypiorku lub pietruszki
50 g / 2 oz / ½ szklanki zimnego gotowanego mięsa lub drobiu, pokrojonych w kostkę krewetek (krewetek) lub tartego sera
1 małe jajko, ubite

Pokrój pomidory na pół i wyjmij połówki na talerz, odrzucając twarde rdzenie. Połóż skórę do góry dnem na papierze kuchennym, aby odsączyć. Umieść wszystkie pozostałe składniki w misce i dodaj przecier pomidorowy. Dobrze wymieszaj widelcem, a następnie wrzuć połówki pomidorów. Umieść dwa pierścienie, jeden w drugim, na krawędzi talerza. Przykryj papierem kuchennym i gotuj przez 7 minut, obracając patelnię trzy razy. Podawane na ciepło, trzy i pół porcji.

Włoskie faszerowane pomidory

nosisz 4

6 pomidorów
75 g / 3 uncje / 1½ filiżanki świeżej brązowej bułki tartej
175 g sera mozzarella

2,5 ml/łyżkę suszonego oregano
2,5ml/łyżkę soli
10 ml/2 porcje posiekanych liści bazylii
1 cebula czosnek, posiekana
1 małe jajko, ubite

Pokrój pomidory na pół i wyjmij połówki na talerz, odrzucając twarde rdzenie. Połóż skórę do góry dnem na papierze kuchennym, aby odsączyć. Umieść wszystkie pozostałe składniki w misce i dodaj przecier pomidorowy. Dobrze wymieszaj widelcem, a następnie wrzuć połówki pomidorów. Umieść dwa pierścienie, jeden w drugim, na krawędzi talerza. Przykryj papierem kuchennym i gotuj przez 7-8 minut, obracając patelnię trzy razy. Podawaj na ciepło lub zimno, trzy i pół porcji na porcję.

Kubki do sałatek z pomidorów i kurczaka

nosisz 4

/ 450 ml / ¾ na każde 2 szklanki bulionu

15 ml/1 łyżeczka żelatyny w proszku

30 ml / 2 łyżki przecieru pomidorowego (pasta)

1 mała cebula, drobno posiekana

5 ml/1 część cukru trzcinowego (bardzo drobnego).

1 zielona papryka (tłusta), drobno posiekana

175 g / 6 uncji / 1½ szklanki zimnego gotowanego mięsa, cienko pokrojonego

1 marchewka, starta

2 krążki ananasa z puszki (nie świeże ani w galarecie)

2 jajka na twardo (na twardo), jajecznica

Wlej połowę zupy do naczynia do pieczenia o pojemności 1,5 kwarty/2½ kwarty/6 filiżanek. Wymieszaj żelatynę i zmiękcz przez 5 minut. Rozmrażaj na patelni, bez przykrycia, 2-2 1/2 minuty. Dodać pozostałe składniki, dobrze wymieszać do połączenia. Przykryć i przechowywać w lodówce, aż się schłodzi, dopiero zaczyna gęstnieć, a następnie dodać pozostałe składniki oprócz jajka. Podziel na cztery szklanki i wstaw do lodówki, aż będzie gotowe. Przed podaniem posmarować jajkiem.

Jajka i posiekana cebula

4 jest otwarta, a 6 jest otwarta

Świetny żydowski klasyk, który najlepiej smakuje z krakersami jak tradycyjna maca. Największą zaletą jest gotowanie jajek w mikrofalówce - w kuchni paruje i nie ma naczyń do umycia. Sugeruje się tutaj masło lub inną margarynę, ale społeczność prawosławna będzie używać tylko margaryny roślinnej.

5 jajek ugotowanych na twardo, obranych i pokrojonych w cienkie plasterki
40 g / 1½ oz / 3 łyżki masła lub margaryny, zmiękczone
1 cebula, drobno posiekana
Sól i świeżo mielony czarny pieprz
Liście sałaty lub pietruszka do dekoracji

Ubite jajka ubić z masłem lub margaryną. Mieszamy z cebulą i doprawiamy. Ułóż na czterech talerzach i udekoruj każdy sałatą lub pietruszką.

Quiche Lorraine

Usługi 4-6

Flan o oryginalnym francuskim smaku lub odmianie „musztardowej".

Przygotowanie ciasta (makaron):

175 g/6 uncji/1½ szklanki zwykłej (uniwersalnej) mąki.

1,5 ml / ¼ łyżeczki soli

100 g / 3½ uncji / ½ szklanki margaryny maślanej wymieszanej z białym tłuszczem piekarskim lub smalcem lub użyj całej margaryny

1 małe żółtko

Wypełnić:

6 plasterków boczku

3 jajka

300 ml / ½ łyżeczki / 1¼ szklanki mleka lub śmietanki (jasnej)

2,5 ml / ½ łyżeczki soli

Nowa lokalizacja to Black Pepper

Zmiażdżone orzechy włoskie

Aby zrobić ciasto, wsyp mąkę i sól do miski. Zagniataj mieszaninę w oleju, aż będzie przypominać drobną bułkę tartą, a następnie wymieszaj z zimną wodą, aż uzyskasz sztywne ciasto. Przykryj folią i wstaw do lodówki na ½ godziny do ¾ godziny. Wróć na powierzchnię i ugniataj szybko i łatwo, aż do uzyskania jednolitej konsystencji. Umieść cienki okrąg i wyłóż go talerzem szklanym, porcelanowym lub ceramicznym o średnicy 20 cm. Weź górną krawędź w małe zaciągnięcia i dociśnij widelcem. Piecz przez 6 minut, dwukrotnie obracając deskę. Jeśli ciasto jest w niektórych miejscach spuchnięte, delikatnie wciśnij je do piekarnika drugą ręką. Posmarować żółtkiem i smażyć przez 1 minutę, aby zamknąć otwory. Pozostaw nadzienie na czas przygotowania.

Umieść boczek na talerzu wyłożonym ręcznikiem papierowym, przykryj drugim ręcznikiem papierowym i smaż przez 5 minut, raz obracając. Odcedź i lekko ostudź. Każde ciasto pokroić na trzy części i ułożyć na dnie tortownicy. Dopraw jajka mlekiem lub śmietaną, dopraw solą i pieprzem. Ostrożnie udekoruj wieprzowinę i posyp orzechami włoskimi. Piecz przez 10 do 12 minut lub do momentu, aż w środku zaczną tworzyć się bąbelki, obracając patelnię cztery razy. Odstaw na 10 minut przed krojeniem. Jeść na gorąco lub na zimno.

Ser i pomidor

Usługi 4-6

Przygotuj go jak Quiche Lorraine, ale zamiast bekonu obierz go i dodaj trzy pokrojone pomidory.

Mieszamy z wędzonym łososiem

Usługi 4-6

Przygotuj to samo co Quiche Lorena, ale zastąp 175 g wieprzowiny filetami z wędzonego łososia.

Naleśnik jest krótki

Usługi 4-6

Zrób to samo co Quiche Lorena, ale zastąp wieprzowinę 175g/6oz/1½ szklanki mielonego mięsa.

szpinak

Usługi 4-6

Przygotuj jak Quiche Lorena, ale zamiast boczku przykryj skórkę 175 g ugotowanego i suszonego szpinaku. (Szpinak musi być jak najbardziej suchy, inaczej ciasto (makaron) będzie miękkie).

Morze Śródziemne

Usługi 4-6

Przygotuj jak Quiche Lorraine, ale zamiast bekonu posmaruj skórkę olejem z 185 g płatków z tuńczyka, 12 czarnych oliwek i 20 ml/4 łyżki przecieru pomidorowego (pasta).

Quiche ze szparagami

Usługi 4-6

Przygotuj jak Quiche Lorena, ale zastąp 350g/12 uncji/1 dużej wieprzowiny szparagami. Dobrze odcedź, zachowaj sześć szaszłyków i posiekaj resztę. Służy do przykrycia dna garnka. Z szaszłykami do dekoracji.

Pęknięta nakrętka

Usługi 4-6

225g/8oz/2 szklanki połówek orzecha włoskiego
50g/2oz/¼ szklanki masła
10 ml/2 części oleju kukurydzianego
5 ml/1 proszek musztardowy
5 ml/1 papryka
5 ml/1 łyżeczka soli selerowej
5 ml / 1 łyżeczka soli cebulowej
2,5 ml/łyżkę chili w proszku
Sól

Smażyć połówki orzechów włoskich. Podgrzewaj masło i olej na odkrytej patelni przez 1,5 minuty. Dodaj orzechy i delikatnie wymieszaj z olejem i masłem, aż olej się połączy. Pozostaw bez przykrycia i smaż przez 3-4 minuty, często obracając, obserwując uważnie, jak zaczną się rumienić. Wlej wodę na papier kuchenny. W plastikowej torebce wymieszaj musztardę w proszku, paprykę, sól selerową, szalotki, chili w proszku i sól do smaku. Przechowywać w hermetycznym pojemniku.

Orzechy z brazylijskim curry

Usługi 4-6

225 g/8 uncji/2 szklanki posiekanych orzechów brazylijskich
50g/2oz/¼ szklanki masła
10 ml/2 części oleju kukurydzianego
20 ml/4 porcje łagodne, średnie lub pikantne curry w proszku
Sól

brazylijski orzech Podgrzewaj masło i olej na odkrytej patelni przez 1,5 minuty. Dodaj orzechy i delikatnie wymieszaj z olejem i masłem, aż olej się połączy. Pozostaw bez przykrycia i smaż przez 3-4 minuty, często obracając, obserwując uważnie, jak zaczną się rumienić. Wlej wodę na papier kuchenny. Umieść curry i sól w plastikowej torbie do smaku. Przechowywać w hermetycznym pojemniku.

Niebieski ser i pekan

Usługi 4-6

Wyrafinowany dodatek do rodziny quiche.

Przygotowanie ciasta (makaron):

175 g/6 uncji/1½ szklanki zwykłej (uniwersalnej) mąki.

1,5 ml / ¼ łyżeczki soli

100 g / 3½ uncji / ½ szklanki margaryny maślanej wymieszanej z białym tłuszczem piekarskim lub smalcem lub użyj całej margaryny

45 ml/3 łyżki orzechów pekan, drobno posiekanych

1 małe żółtko

Wypełnić:

200g / 7 uncji / mała 1 szklanka pełnotłustego serka śmietankowego

30-45 ml/2-3 łyżki szczypiorku lub posiekanej cebuli

125 g / 4 uncje / porcja 1 szklanka sera pleśniowego, pokruszonego

5 ml/1 papryka

3 jajka

60ml/4 łyżki śmietany lub pojedynczej śmietanki (jasnej).

Sól i świeżo mielony czarny pieprz

Aby zrobić ciasto, wsyp mąkę i sól do miski. Rozetrzyj mieszankę w oleju, aż będzie przypominać drobną bułkę tartą, a następnie posiekane orzechy włoskie. Ciasto wymieszać z zimną wodą. Przykryj folią i wstaw do lodówki na ½ godziny do ¾ godziny. Wróć na powierzchnię i ugniataj szybko i łatwo, aż do uzyskania jednolitej konsystencji.

Umieść cienki okrąg i wyłóż go talerzem szklanym, porcelanowym lub ceramicznym o średnicy 20 cm. Weź górną krawędź w małe zaciągnięcia i dociśnij widelcem. Piecz przez 6 minut, dwukrotnie obracając deskę. Jeśli ciasto jest w niektórych miejscach spuchnięte, delikatnie wciśnij je do piekarnika drugą ręką. Posmarować żółtkiem i smażyć przez 1 minutę, aby zamknąć otwory. Pozostaw nadzienie na czas przygotowania.

Umieść składniki nadzienia w robocie kuchennym, dopraw solą i pieprzem i zmiksuj na gładką masę. Rozjaśnij ciasto (ciasteczko). Piecz przez 14 minut, obracając patelnię trzy razy. Pozostaw na 5 minut. Jeść na gorąco lub na zimno.

Bogata wątroba

8-10 posiłków

Podaje się go z gorącymi tostami na wystawnych przyjęciach lub specjalnych posiłkach.

250 g / 9 uncji / 1 duża filiżanka masła
1 cebula czosnek, posiekana
450 g/1 funt wątróbki drobiowej
1,5 ml / ¼ łyżeczki mielonych orzechów włoskich
Sól i świeżo mielony czarny pieprz

Umieść 175 g / 6 uncji / ¾ szklanki masła w rondlu o pojemności 1,75 l / 3 części / 7½ filiżanki i roztapiaj na wysokich obrotach przez 2 minuty. Wmieszać czosnek. Każdy kawałek wątróbki drobiowej nakłuć czubkiem noża i ułożyć na talerzu. Dobrze wymieszaj z masłem. Przykryć talerzem i gotować na dużym ogniu przez 8 minut, dwukrotnie mieszając. Wmieszać orzechy i dobrze doprawić do smaku. W dwóch grupach

Gorąca słona zupa z kraba

Drzwi 6

Wielki wkład Chin, łatwa przyjemność.

1 litr / 1¾ sztuki / 4¼ szklanki drobiu
225 g/7 uncji/1 mały, posiekany kasztan może być wilgotny
225g / 7 uncji / 1 małe opakowanie posiekanych pędów bambusa w wodzie
75 g pieczarek pokrojonych w cienkie plasterki
150 g tofu, pokrojonego w drobną kostkę
175 g / 6 oz / 1 mały solony krab, solony i glazurowany
15 ml / 1 łyżka skrobi kukurydzianej
15 ml / 1 łyżka wody
30 ml / 2 łyżki octu słodowego
15ml/1 łyżka sosu sojowego
5 ml/1 porcja oleju słonecznikowego
2,5ml/łyżkę soli
1 duże jajko

Wlej bulion do 2 kwart / 3 ½ kwarty / 8 ½ filiżanki. Dodaj miseczki z kasztanami wodnymi i pędami bambusa. Dodaj grzyby i tofu oraz czapkę mrówki. Niepokojący Przykryj naczynie folią spożywczą (plastik) i przetnij dwukrotnie, aby para mogła się wydostać. Gotuj przez 15 minut. Ostrożnie otwórz, aby zapobiec spaleniu pary i dobrze wymieszaj, aby połączyć. Delikatnie wymieszaj mąkę kukurydzianą i ocet, a następnie dodaj do pozostałych składników. Zupę delikatnie wymieszać. Przykryj jak poprzednio i gotuj przez 4 minuty. Wymieszaj i przykryj dużym talerzem lub pokrywką. Pozostaw na 2 minuty. Podawać gorące na porcelanowych talerzach.

Lekka orientalna zupa

3-4 posiłki

400 ml / 16 fl oz / 1 duża puszka zupy z dziewanny
Może pomieścić 400 ml/16 uncji/1 duże mleko kokosowe
Sól
Chili w proszku
posiekana kolendra
Popadomy, do podania

Wlej zupę i mleko kokosowe do rondla o pojemności 1,75 litra. Dodaj sól do smaku. Podgrzewać przez 7-8 minut, mieszając dwukrotnie. Przelej do ciepłych misek, posyp chili w proszku i kolendrą w proszku i podawaj z popadomami.

Zupa z wątroby

nosisz 4

50g/2oz/1 szklanka świeżej bułki tartej
50 g wątróbki drobiowej, posiekanej
15 ml/1 łyżka drobno posiekanej natki pietruszki plus dodatkowo do dekoracji
5 ml / 1 łyżka cebuli
1,5 ml/¼ łyżeczki majeranku
1,5 ml / ¼ łyżeczki soli
Nowa lokalizacja to Black Pepper
½ jajka, ubite
750 ml / 1¼ porcji / 3 szklanki czystego bulionu wołowego lub drobiowego lub płynnego bulionu z puszki

Umieść wszystkie składniki w misce oprócz zupy i bulionu. Dobrze wymieszaj i zrób 12 małych placków. Wlej bulion lub bulion do głębokiego naczynia o pojemności 1,5 kwarty/2,5 kwarty/6 filiżanek i przykryj talerzem. Doprowadzić do wrzenia i gotować przez około 8-10 minut. Dodaj bulion. Gotuj przez 3-4 minuty, aż makaron uniesie się i wypłynie na powierzchnię patelni. Przełożyć na ciepłe talerze, posypać natką pietruszki i od razu podawać.

Zupa krem z marchwi

Drzwi 6

30 ml / 2 łyżki mąki kukurydzianej (mąka kukurydziana)
Duży obiektyw 550g/1¼ f/1
/ 450 ml / ¾ 2 na szklankę zimnego mleka
7,5-10 ml / 1½ - 2 łyżeczki soli
300 ml/porcję ½/1¼ szklanki ciepłej wody
60 ml / 4 łyżki śmietany (jasnej).

Umieść mąkę kukurydzianą w misce o pojemności 3 kwarty / 5¼ kwarty / 12 filiżanek. Powoli wymieszaj płyn w misce z marchewką. Zmiksuj marchewki w blenderze lub robocie kuchennym. Umieścić w rondelku z mlekiem i solą. Gotuj przez 12 minut, aż zgęstnieje, delikatnie mieszając cztery lub pięć razy, aby zapewnić konsystencję. Wymieszaj z ciepłą wodą. Wlać do ciepłych miseczek i zalać 10 ml/2 łyżki śmietany.

Zimna Zupa Marchewkowo-Owsianka

Drzwi 6

1 duży por, posiekany i dobrze umyty
4 duże marchewki, pokrojone w cienkie plasterki
3 małe średnie ziemniaki pokrojone w kostkę
150 ml/¼ pt./2/3 szklanki ciepłej wody
600 ml / 1 sztuka / 2½ szklanki zupy jarzynowej
300 ml/½ szt./1¼ szklanki śmietanki pojedynczej (jasnej).
Sól i świeżo mielony czarny pieprz
Stały zbiornik

Mocno przeciąć rurę. Umieść wszystkie warzywa w 2 kwartach/3½ pt/8½ szklanki gorącej wody. Przykryć folią spożywczą (plastik), aby umożliwić ujście pary i przekroić na pół. Gotuj przez 15 minut, aż warzywa będą miękkie. Wlej płyn z miski do blendera lub robota kuchennego i w razie potrzeby dodaj trochę więcej bulionu. Przełożyć do dużej miski i wymieszać z resztą składników. Przykryć i schłodzić. Ostrożnie wymieszaj śmietanę i aromat przed podaniem. Wlej zupę do miseczek i każdą skrop niewielką ilością wody.

Zupa Z Marchewki I Kolendry

Drzwi 6

Zrób zupę krem z selera, ale razem z selerem dodaj do blendera lub robota kuchennego pęczek świeżych liści kolendry. W razie potrzeby można dodać śmietanę.

Marchewka z zupą pomarańczową

Drzwi 6

Przygotować analogicznie jak zupę marchewkową, ale w trakcie gotowania do połowy zupy dodać 10 ml/2 łyżki startej skórki pomarańczowej. Podawać z bitą śmietaną i odrobiną Grand Marnier.

Kremowa Zupa Sałatkowa

Drzwi 6

75g/3oz/1/3 szklanki masła lub margaryny
2 cebule, starte
225 g sałaty pokrojonej w miękkie paski
600 ml / szt. 1 / 2 ½ szklanki śmietany
30 ml / 2 łyżki mąki kukurydzianej (mąka kukurydziana)
300 ml / ½ pt / 1 ¼ szklanki ciepłej wody lub bulionu warzywnego
2,5ml/łyżkę soli

Roztapiaj 50 g masła lub margaryny w rondlu o pojemności 1,75 litra przez 2 minuty. Wymieszaj cebulę i sałatę. Przykryć talerzem i gotować przez 3,5 minuty. Wlej jedną trzecią mleka do blendera. Dobrze poddaj recyklingowi. Wróć do garnka. Ostrożnie wymieszaj pozostałe 60 ml/4 łyżki skrobi kukurydzianej z mlekiem. Dodaj zupę z pozostałym mlekiem, wodą lub gorącym bulionem i solą. Gotuj na dużym ogniu przez 15 minut, często mieszając, aby zapewnić gładkość. Dodaj 5 ml/1 łyżeczkę oleju do każdego i podawaj na ciepłych talerzach.

Zupa z zielonej zupy

Usługi 4-6

1 okrągła zielona sałata
125 g rzeżuchy lub szpinaku
1 por, tylko biała część, pokrojony w plasterki
300 ml/porcję ½/1¼ szklanki ciepłej wody
60ml/4 łyżki mąki kukurydzianej (skrobia kukurydziana)
300 ml / ½ pt / 1¼ szklanki zimnego mleka
25 g / 1 uncja / 2 łyżki masła lub margaryny
Sól
Grzanki do podania

Umyj i drobno posiekaj sałatę i rukiew wodną lub szpinak. Napełnij kolbę o pojemności 1,5 litra/2 ½ litra/6 filiżanek wodą. Przykryć folią spożywczą (plastik), aby umożliwić ujście pary i przekroić na pół. Piecz przez 10 minut, dwukrotnie obracając patelnię. Pozostaw do ostygnięcia na 10 minut. Przełożyć do blendera i zmiksować na gładką masę. Wróć do garnka. Dokładnie wymieszaj mąkę kukurydzianą. Na patelnię dodać masło lub margarynę i posolić do smaku. Piec trzy razy przez 8-10 minut lub do momentu, aż się rozgrzeje i lekko zgęstnieje. Ciepłą zupę nalej chochlą do miseczek i udekoruj każdą cebulę.

zupa pietruszkowo-pietruszkowa z wasabi

Drzwi 6

Z subtelną nutą chrzanu i wasabi jest to wspaniała zupa, bardzo wyjątkowa, a słodycz pochodzi tylko ze szczypiorku.

30 ml / 2 łyżki oleju kukurydzianego lub słonecznikowego
450 g pasternaku, obranego i pokrojonego w plastry
900 ml / 1½ sztuki / 3¾ szklanki zupy jarzynowej lub bulionu
10 ml / 2 łyżki stołowe japońskiego proszku wasabi
30 ml / 2 łyżki posiekanej natki pietruszki
150 ml/¼ łyżeczki/2/3 szklanki śmietanki (jasnej).

Wlej olej do rondla o pojemności 2 kwarty/3½ pt/8½ szklanki. Dodaj dzwonek. Przykryć folią spożywczą (plastik), aby umożliwić ujście pary i przekroić na pół. Smaż przez 7 minut, dwukrotnie obracając patelnię. Dodaj bulion i proszek wasabi. Przykryć talerzem i gotować przez 6 minut. Lekko ostudzić i zmiksować blenderem na gładką masę. Wróć do garnka. Wmieszać pietruszkę. Przykryj jak poprzednio i gotuj przez 5 minut. Wymieszaj ze śmietaną i podawaj.

Zupa ziemniaczana

Drzwi 6

Przygotuj zupę z pietruszki i pietruszki z wasabi, ale zastąp słodkie ziemniaki miąższem pomarańczy.

Zupa krem z warzyw

Usługi 4-6

Bardzo zdrowa zupa - użyj dowolnej kombinacji warzyw, które lubisz lub masz pod ręką.

450g/1lb mieszanych świeżych warzyw
1 cebula, posiekana
25g/1 uncja/2 łyżki masła lub margaryny lub 30ml/2 łyżki oleju słonecznikowego
175 ml / 6 uncji / ¾ szklanki wody
/ 450 ml / ¾ do 2 szklanek mleka lub mieszanki mleka i wody
15 ml/1 łyżka mąki kukurydzianej (skrobi kukurydzianej)
2,5ml/łyżkę soli
Posiekana pietruszka

Przygotuj warzywa według rodzaju i pokrój je na małe kawałki. W misce o pojemności 2 l/3½/8½ filiżanki wymieszaj cebulę, masło, margarynę lub masło i 30 ml/2 łyżki wody. Przykryć talerzem i czterokrotnie zamieszać i gotować na pełnym ogniu przez 12-14 minut. Zmiksuj w blenderze na gładką masę. Wróć do garnka z mlekiem lub trzema czwartymi mleka i wody. Dokładnie wymieszaj z resztą płynu kukurydzianego i dodaj sól na patelnię. Zamieszaj cztery razy i gotuj na pełnym ogniu przez 6 minut. Nalej zupę do miseczek i posyp każdą natką pietruszki.

Zupa z zielonego groszku

Usługi 4-6

Przygotuj krem z zupy jarzynowej, ale zastąp mieszankę warzywno-cebulową 450 g mrożonego groszku ogrodowego. Udekoruj lekko pokrojonym chlebem zamiast pietruszki.

Zupa dyniowa

Usługi 4-6

Przygotuj jak zupę jarzynową, ale zastąp warzywa i cebulę na 450g zupy marchewką, cebulą, orzechami włoskimi lub selerem. Zamiast natki pietruszki posyp je posiekanymi orzechami włoskimi.

Zupa krem z grzybów

Usługi 4-6

Przygotuj krem z zupy jarzynowej, ale zastąp mieszankę warzyw i cebuli grzybami.

Zupa Krem Z Dyni

6-8 posiłków

Zwłaszcza na Halloween, ale zupa jest bardzo zimna, więc zamroź resztki lub zrób dodatkową porcję w sezonie dyniowym i zachowaj na wczesne lato.

1,75 kg świeżej dyni, pokrojonej lub w całości

2 cebule, grubo posiekane

15-20 ml / 3-4 łyżeczki soli

600 ml / szt. 1 / 2 ½ szklanki śmietany

15 ml/1 łyżka mąki kukurydzianej (skrobi kukurydzianej)

30 ml / 2 łyżki zimnej wody

2,5 ml/łyżkę mielonych orzechów włoskich

grzanki do podania (opcjonalnie)

Dynię kroimy jak arbuza. Usuń nasiona, umyj i osusz. Ułożyć w jednej warstwie na talerzu. Należy go otwierać powoli przez 4 minuty w całej formie. Pozostaw do ostygnięcia, a następnie otwórz skorupy i usuń nasiona. Książka. Wyczyść piekarnik i pokrój cebulę w bardzo dużą kostkę. Umieść cebulę w dużej misce i dobrze wymieszaj. Przykryj szczelnie folią spożywczą (plastikową), ale nie przecinaj. Gotuj przez 30 minut, obracając patelnię cztery razy. Wyjąć z piekarnika i pozostawić na 10 minut. Zmiksuj dynię, cebulę i płyn do gotowania w blenderze lub robocie kuchennym w kilku partiach. Wróć do garnka. Wymieszaj sól i mleko. Ostrożnie wymieszaj syrop kukurydziany i dodaj gałkę muszkatołową. dziewczyna, nieotwarty,

zupa kokosowa

6-8 posiłków

4 kawałki kurczaka

Wytnij około 4 litrów

1,25 litra / 2¼ szklanki / 5½ szklanki gorącej wody

10 ml / 2 łyżki soli

1 zestaw kopert

50g/2oz/¼ szklanki lekko ugotowanego ryżu długoziarnistego

12 noży

Umyj kurczaka i umieść go w naczyniu o głębokości 20 cm (piekarnik holenderski). Dodaj mrówkę. Przykryć folią spożywczą (plastik), aby umożliwić ujście pary i przekroić na pół. Gotuj przez 12 minut. Wyjmij kurczaka z garnka, usuń mięso z kości i pokrój na małe kawałki. Książka. Wlej wodę do drugiej dużej miski. Dodaj ryż, soczewicę i płyn do garnka wraz z solą i skrobią kukurydzianą. Przykryć talerzem i piec łącznie 18 minut. Wymieszać z kurczakiem i krewetkami. Przykryj jak poprzednio i gotuj przez kolejne 3 minuty. Jedz, gdy jest gorąco.

Zupa Zupa

Drzwi 6

30 ml / 2 łyżki kaszy pęczak

225 g filetu jagnięcego, pokrojonego w kostkę wielkości kęsa

1,2 litra / 2 punkty / 5 filiżanek gorącej wody

1 duża cebula, posiekana

1 marchewka, drobno posiekana

1 mała rzepa, drobno posiekana

1 mały por, posiekany

Sól i świeżo mielony czarny pieprz
Posiekana pietruszka

Jęczmień moczyć w 75 ml/5 łyżkach zimnej wody przez 4 godziny. rysować Umieść jagnięcinę na patelni o pojemności 2,25 kwarty / 4 kwarty / 10 filiżanek. Dodaj gorącą wodę i jęczmień. Przykryć talerzem i gotować przez 4 minuty. Widzieć Dodać przygotowane warzywa, sól i pieprz. Przykryj jak poprzednio i gotuj przez 25-30 minut, aż jęczmień będzie miękki. Pozostaw na 5 minut. Ciepłą zupę rozlej do miseczek i posyp natką pietruszki.

Zupa izraelska z kurczakiem i awokado

4-5 posiłków

900 ml / 1½ sztuki / 3¾ szklanki pysznego bulionu
1 duże dojrzałe awokado, obrane i pozbawione pestek
30 ml / 2 łyżki świeżego soku z cytryny

Wlej bulion z kurczaka do rondla o pojemności 1,5 litra/2½ kwarty/6 filiżanek. Przykryć talerzem i gotować na dużym ogniu przez 9 minut. Miąższ z awokado rozgnieść z sokiem z cytryny. Gorącą zupę zamieszać. Przykryj jak poprzednio i gotuj na dużym ogniu przez 1 minutę. Podawane jest na ciepło.

Zupa Awokado Z Surową Wołowiną

4-5 posiłków

Przygotuj izraelską zupę z kurczaka z awokado i udekoruj ją 7,5 ml/1½ łyżeczki gotowanej szalotki.

Zupa

Drzwi 6

450 g surowych buraków
75 ml / 5 łyżek wody
1 duża marchewka, obrana i starta
1 mała rzepa, obrana i starta
1 cebula, obrana i starta
750 ml / 1¼ szt. / 3 szklanki gorącej zupy wołowej lub jarzynowej
125 g białej kapusty, posiekanej

15 ml/1 łyżka soku z cytryny

5 ml/1 porcja soli

Nowa lokalizacja to Black Pepper

90 ml / 6 łyżek śmietanki (mleka).

Dobrze umyj ogórka, ale zostaw skórkę. Umieść warstwę wody w garnku o średnicy 20 cm. Przykryć folią spożywczą (plastik), aby umożliwić ujście pary i przekroić na pół. Gotuj przez 15 minut. Umieść marchewki, rzepę i cebulę w garnku o pojemności 2 kwarty/3½ kwarty/8½ szklanki. Odcedzić i umyć i pokroić w plasterki. Dodaj mieszankę ziół do 150ml/¼ pt/2/3 szklanki bulionu. Przykryj jak poprzednio i gotuj przez 10 minut. Wmieszaj resztę zupy i wszystkie składniki oprócz śmietany i przypraw. Przykryj talerzem i czterokrotnie zamieszaj i gotuj na pełnym ogniu przez 10 minut. Rozlej zupę do ciepłych misek i zalej 15 ml/1 łyżkę śmietany.

zimny barszcz

Drzwi 6

Przygotuj jak barszcz i pozostaw do ostygnięcia. Odcedź, gdy ostygnie. Dodaj 150 ml/¼ pt/2/3 szklanki zimnej wody i dużego ugotowanego buraka, drobno pokrojonego. Pozostaw na 15 minut. Znowu się ślizga. Dopraw do smaku dodatkowym sokiem z cytryny. Schłodzić przez kilka godzin przed podaniem.

zimny barszcz

Drzwi 6

Przygotuj jak zimny barszcz. Po drugim przesianiu wymieszaj 250ml/1 szklankę śmietany kremówki w blenderze lub robocie kuchennym. odpocząć

Pomarańczowa Zupa Kukurydziana

4-5 posiłków

125 g / 4 uncje / ½ szklanki pomarańczowej kukurydzy

1 duża cebula, starta

1 duża marchewka, starta

½ małej rzepy, startej

1 ziemniak, starty

20 ml / 4 łyżki masła lub margaryny

5 ml / 1 łyżka oleju kukurydzianego lub słonecznikowego

30 ml/2 łyżki posiekanej natki pietruszki, opcjonalnie do dekoracji

900 ml / 1 ½ porcji / 3¾ szklanki gorącego bulionu drobiowego lub warzywnego

Sól i świeżo mielony czarny pieprz

Oczyść i osusz soczewki. Umieść warzywa, masło lub margarynę i masło w misce o pojemności 2 kwarty/3½ kwarty/8½ szklanki. Dodaj pietruszkę. Zamieszaj trzy razy i gotuj na pełnym ogniu przez 5 minut. Wmieszaj szpinak i jedną trzecią gorącego bulionu. Pyszny sezon. Przykryć folią spożywczą (plastik), aby umożliwić ujście pary i przekroić na pół. Piecz przez 10 minut, aż powierzchnia będzie miękka. (Jeśli nie, gotuj przez dodatkowe 5-6 minut.) Przenieś do blendera lub robota kuchennego i mieszaj, aż będzie bardzo gładka. Włożyć do miski z pozostałą zupą. Przykryć talerzem i gotować na dużym ogniu przez 6 minut, trzykrotnie mieszając. Każdą posypać natką pietruszki i od razu podawać.

Pomarańczowa zupa kukurydziana z serem i prażonymi orzechami nerkowca

4-5 posiłków

Przygotuj jak pomarańczową zupę kukurydzianą, ale po ostatnim podgrzaniu dodaj 60 ml/4 łyżki startego sera edamame i 60 ml/4 łyżki mielonego kakao.

zupa kukurydziana z dodatkiem pomidorów

4-5 posiłków

Przygotuj jak zupę pomarańczowo-kukurydzianą, ale zamiast posypać natką pietruszki, podaj z 5 ml/1 łyżką przecieru z suszonych pomidorów, a następnie wymieszaj z łyżką świeżych pomidorów.

Zupa z żółtego groszku

6-8 posiłków

Szwedzka wersja grochówki, którą je się w każdy czwartek w Szwecji. Zwykle są to naleśniki i dżemy.

350g/1½ szklanki łuskanej ciecierzycy, opłukanej
900 ml / 1½ szklanki / 3¾ szklanki zimnej wody
5 ml / 1 łyżka stołowa
1 kość, ok. 450-500 g/1 f

750 ml / 1¼ szklanki / 3 szklanki gorącej wody
5-10 ml / 1-2 łyżeczki soli

Umieść rozdrobniony groszek w misce do mieszania. Dodaj zimną wodę. Przykryć talerzem i gotować przez 6 minut. Pozostaw na 3 godziny. Przenieś ciecierzycę i moczoną wodę do miski o pojemności 2,5 kwarty / 4½ kwarty / 11 filiżanek. Wmieszaj majeranek i dodaj kości. Przykryć folią spożywczą (plastik), aby umożliwić ujście pary i przekroić na pół. Gotuj przez 30 minut. Wymieszać z połową gorącej wody. Przykryj jak poprzednio i gotuj przez kolejne 15 minut. Usuń kość. Usuń mięso z kości i pokrój na małe kawałki. Resztę zupy zalać gorącą wodą. Dopraw solą do smaku. Dobrze wymieszaj. Przykryć talerzem i podgrzewać maksymalnie 3 minuty. W razie potrzeby zupę można rozcieńczyć dodatkową wrzącą wodą.

Francuska zupa cebulowa

Drzwi 6

30 ml / 2 łyżki masła, margaryny lub oleju słonecznikowego
4 cebule, cienko pokrojone i pokrojone w pierścienie
20 ml/4 części mąki kukurydzianej (skrobia kukurydziana)
900 ml / 1½ szt. / 3¾ szklanki wołowiny lub gorącego bulionu
Sól i świeżo mielony czarny pieprz
6 Francuski chleb, pokrojony ukośnie
90 ml/6 łyżek Ser Gruyere (szwajcarski) lub Jarlsberg
pieprz

Umieść masło, margarynę lub olej w misce o pojemności 2 kwarty/3½ kwarty/8½ szklanki. Włącz ogrzewanie na 2 minuty. Wymieszaj krążki cebuli w garnku. Gotuj na pełnym ogniu przez 5 minut. Wmieszać kukurydzę. Stopniowo wlewać połowę gorącego bulionu. Przykryj naczynie folią spożywczą (plastik) i przetnij dwukrotnie, aby para mogła się wydostać. Gotuj przez 30 minut, obracając garnek cztery razy. Wymieszaj resztę zupy i posmakuj. Dobrze wymieszaj. Wlej zupę do sześciu misek i w każdej umieść kromkę chleba. Posypać serem i papryką. Umieść każdą miskę w kuchence mikrofalowej i podgrzewaj przez 1,5 minuty, aż ser się roztopi i zacznie bulgotać. Zjedz natychmiast.

Włoska zupa jarzynowa

8-10 posiłków

350g/12 uncji jagód (jagód), cienko pokrojonych
225 g/8 uncji marchwi, pokrojonej w cienkie plasterki
225 g drobno posiekanej cebuli
125 g białej kapusty, posiekanej
125 g jarmużu, posiekanego
3 cebule, cienko pokrojone
3 ziemniaki, pokrojone
125 g/1 szklanka świeżej lub mrożonej ciecierzycy

125 g posiekanej świeżej lub mrożonej fasoli
400g / 14oz / 1 duży pomidor
30 ml / 2 łyżki przecieru pomidorowego (pasta)
50 g makaronu pokrojonego wzdłuż
1 litr / 1¾ szklanki / 4¼ szklanki gorącej wody
15-20 ml / 3-4 łyżeczki soli
100 g/1 szklanka startego parmezanu

Umieść przygotowane warzywa w słoiku o pojemności 3,5 l/6 pt/15 filiżanek. Wymieszaj pozostałe składniki oprócz wody i soli, a następnie drewnianą łyżką rozbij pomidory po bokach miski. Przykryj dużym talerzem i trzykrotnie wymieszaj i gotuj na pełnym ogniu przez 15 minut. Dodaj trzy czwarte gorącej wody. Przykryj jak poprzednio i gotuj przez 25 minut, mieszając cztery lub pięć razy. Wyjmij z kuchenki mikrofalowej. Resztę wody wymieszaj z solą. Jeśli zupa wydaje się zbyt gęsta, dodaj więcej wrzącej wody. Ułożyć na głębokich talerzach i podawać z dostarczonym oddzielnie parmezanem.

Minestrone Genovese

8-10 posiłków

Przygotuj jak minestrone, ale przed podaniem dodaj 30 ml/2 łyżki gotowego zielonego pesto.

Włoska zupa ziemniaczana

4-5 posiłków

1 duża cebula, posiekana
30 ml / 2 łyżki oliwy z oliwek lub oleju słonecznikowego
4 duże ziemniaki
1 mały bulion z kości
1,25 l / 2¼ szklanki / 5½ szklanki gorącego bulionu z kurczaka
Sól i świeżo mielony czarny pieprz
60 ml / 4 łyżki śmietany (jasnej).
Zmiażdżone orzechy włoskie

30 ml / 2 łyżki posiekanej natki pietruszki

Umieść cebulę i olej w rondlu o pojemności 2,25 kwarty / 4 kwarty / 10 filiżanek. Zamieszaj dwa razy i pozwól mu się stopić przez 5 minut. W międzyczasie obierz i zetrzyj ziemniaki. Wymieszaj cebulę i dopraw bulionem kostnym, gorącym bulionem oraz solą i pieprzem do smaku. Przykryć talerzem i gotować na dużym ogniu przez 15-20 minut, dwukrotnie mieszając, aż ziemniaki będą miękkie. Zamieszaj ze śmietaną, wlej do miseczek na zupę i posyp orzechami włoskimi i natką pietruszki.

Zupa ze świeżych pomidorów i selera

6-8 posiłków

900 g dojrzałych pomidorów, zmiksowanych, obranych i pozbawionych nasion
50 g masła lub margaryny lub 30 ml/2 łyżki oliwy z oliwek
2 cebule, cienko pokrojone
1 duża cebula, cienko pokrojona
30 ml / 2 łyżki miękkiego ciemnobrązowego cukru

5 ml/1 sos sojowy
2,5ml/łyżkę soli
300 ml/porcję ½/1¼ szklanki ciepłej wody
30 ml / 2 łyżki mąki kukurydzianej (mąka kukurydziana)
150 ml/¼ pt./2/3 szklanki zimnej wody
Średnia sherry

Zmiksuj pomidory w blenderze lub robocie kuchennym. Umieść masło, margarynę lub olej w pojemniku 1,75 l/3 porcje/7½ filiżanki. Podgrzewać dokładnie przez 1 minutę. Mieszamy z selerem i cebulą. Przykryć talerzem i gotować przez 3 minuty. Dodać przecier pomidorowy, cukier, sos sojowy, sól i gorącą wodę. Przykryj jak poprzednio i gotuj przez 8 minut, mieszając cztery razy. W międzyczasie ostrożnie wymieszaj kukurydzę z zimną wodą. Zamieszaj zupę. Gotuj na pełnym ogniu przez 8 minut, mieszając cztery razy. Nalej zupę do miseczek i każdą z nich posmaruj sorbetem.

zupa pomidorowa z sosem z awokado

Drzwi 8

2 dojrzałe awokado
Sok z 1 małej limonki
1 cebula czosnek, posiekana
30 ml / 2 łyżki majonezu musztardowego
45 ml / 3 łyżki
5 ml/1 porcja soli

Szczypta kurkumy

600 ml / 20 fl oz / 2 puszki skondensowanej zupy pomidorowej

600 ml / 1 sztuka / 2½ szklanki gorącej wody

2 pomidory, obrane, pozbawione nasion i pokrojone w ćwiartki

Obierz i pokrój awokado, usuwając pestkę. Miąższ drobno posiekać, następnie wymieszać z sokiem z cytryny, czosnkiem, majonezem, crème fraîche, solą i kurkumą. Przykryj i przechowuj w lodówce, aż będzie to potrzebne. Wlej dwie puszki zupy do rondla o pojemności 1,75 litra. Delikatnie spłukać wodą. Miąższ pomidorowy pokroić w paski i dodać dwie trzecie zupy. Przykryj patelnię pokrywką i gotuj przez 9 minut, mieszając cztery lub pięć razy, aż będzie bardzo gorąca. Wlej chochlą do miseczek na zupę i polej łyżką sosu z awokado. Udekoruj pozostałymi plasterkami pomidorów.

Zimna zupa serowo-cebulowa

6-8 posiłków

25 g / 1 uncja / 2 łyżki masła lub margaryny

2 cebule, posiekane

2 cebule, cienko pokrojone

30 ml / 2 łyżki zwykłej (uniwersalnej) mąki.

900 ml / 1½ szt. / 3¾ szklanki gorącej zupy z kurczaka lub warzyw

45 ml / 3 łyżki wytrawnego białego wina lub białego porto

Sól i świeżo mielony czarny pieprz

125g/4oz/1 szklanka niebieskiego sera
125g / 4 uncje / 1 szklanka startego sera cedrowego
150 ml/¼ pt/2/3 szklanki gęstej śmietany
Pokrój w cienkie plasterki do dekoracji

Umieść masło lub margarynę w rondlu o pojemności 2,25 kwarty / 4 kwarty / 10 filiżanek. Pozwól makaronowi rozmrozić się w ciągu 1,5 minuty po otwarciu. Wmieszaj cebulę i seler. Przykryć talerzem i gotować przez 8 minut. Wyjmij z kuchenki mikrofalowej. Wymieszaj, a następnie powoli dodaj bulion i wino lub porto. Przykryj jak poprzednio i gotuj na pełnym ogniu przez 10-12 minut, mieszając co 2-3 minuty. Gotuj przez minutę, aż zupa będzie gładka, gęsta i gorąca. Pyszny sezon. Dodaj ser i mieszaj, aż się rozpuści. Przykryć i schłodzić, a następnie wstawić do lodówki na kilka godzin lub całą noc. Przed podaniem wmieszać śmietanę i dobrze wymieszać. Wlać do szklanek lub talerzy i nalać jak zwykle.

Szwajcarska zupa serowa

6-8 posiłków

25 g / 1 uncja / 2 łyżki masła lub margaryny
2 cebule, posiekane
2 cebule, cienko pokrojone
30 ml / 2 łyżki zwykłej (uniwersalnej) mąki.
900 ml / 1½ szt. / 3¾ szklanki gorącej zupy z kurczaka lub warzyw
45 ml / 3 łyżki wytrawnego białego wina lub białego porto

5 ml/1 porcja nasion kminku
1 cebula czosnek, posiekana
Sól i świeżo mielony czarny pieprz
225 g/2 szklanki startego sera Emmental lub Gruyère (szwajcarski).
150 ml/¼ pt/2/3 szklanki gęstej śmietany
Piraci

Umieść masło lub margarynę w rondlu o pojemności 2,25 kwarty / 4 kwarty / 10 filiżanek. Pozwól makaronowi rozmrozić się w ciągu 1,5 minuty po otwarciu. Wmieszaj cebulę i seler. Przykryć talerzem i gotować przez 8 minut. Wyjmij z kuchenki mikrofalowej. Wymieszaj, a następnie powoli dodaj bulion i wino lub porto. Wmieszaj masło i czosnek. Przykryj jak poprzednio i gotuj na pełnym ogniu przez 10-12 minut, mieszając co 2-3 minuty. Gotuj przez minutę, aż zupa będzie gorąca, gładka i gęsta. Pyszny sezon. Dodaj ser i mieszaj, aż się rozpuści. Wymieszaj ze śmietaną. Wlej do szklanek lub talerzy i podawaj ciepłe, udekorowane.

Zupa Avgolemono

Drzwi 6

1,25 l / 2¼ szklanki / 5½ szklanki gorącego bulionu z kurczaka
60 ml/4 łyżki ryżu do risotto
Sok z 2 cytryn
2 duże jajka
Sól i świeżo mielony czarny pieprz

Wlej bulion do głębokiego naczynia o pojemności 1,75 kwarty / 3 kwarty / 7½ szklanki. Wymieszaj ryż. Przykryć talerzem i gotować na dużym ogniu przez 20-25 minut, aż ryż będzie miękki. Ubij dobrze sok z cytryny i jajka w zupie lub innej dużej misce. Ostrożnie dodaj zupę i ryż. Posmakuj przed podaniem.

Zupa krem z ogórków z pastis

6-8 posiłków

900 g obranego ogórka
45ml/3 łyżki masła lub margaryny
30 ml / 2 łyżki mąki kukurydzianej (mąka kukurydziana)
600 ml / 1 sztuka / 2½ szklanki kurczaka lub warzyw
300 ml / ½ pt / 1¼ szklanki gęstej śmietany

7,5-10 ml / 1½ - 2 łyżeczki soli
10 ml / 2 łyżki Pernod lub Ricard (pastis)
Nowa lokalizacja to Black Pepper
Siekana Cebula (Cebula)

Za pomocą rozdrabniacza do robota kuchennego lub deski do krojenia pokrój ogórek w cienkie plasterki. Połóż na talerzu i pozostaw na 30 minut, aby część wilgoci odparowała. Osusz jak najwięcej na czystym ręczniku. Umieść masło lub margarynę w rondlu o pojemności 2,25 kwarty / 4 kwarty / 10 filiżanek. Pozwól makaronowi rozmrozić się w ciągu 1,5 minuty po otwarciu. Wmieszaj cebulę. Przykryć talerzem, trzykrotnie zamieszać i gotować na pełnym ogniu przez 5 minut. Powoli wymieszaj część kukurydzy, a następnie dodaj resztę. Stopniowo wmieszać ogórek. Gotuj, aż prawie gotowe. Mieszaj trzy lub cztery razy, aż zupa będzie gorąca, gładka i gęsta. Dodaj śmietanę, sól i klej i dobrze wymieszaj. Podgrzewać przez 1-1 1/2 minuty. Sezonować pod kątem.

Zupa Curry Z Ryżem

Drzwi 6

Łagodna anglo-indyjska zupa z kurczaka.

30 ml / 2 łyżki oleju arachidowego lub słonecznikowego
1 duża cebula, posiekana
3 cebule, cienko pokrojone
15 ml/1 łyżka łagodnego curry w proszku

30 ml / 2 łyżki średnio wytrawnej sherry
1 litr / 1¾ szklanki / 4¼ szklanki kurczaka lub warzyw
125 g/1/2 szklanki ryżu długoziarnistego
5 ml/1 porcja soli
15ml/1 łyżka sosu sojowego
175 g gotowanego kurczaka, pokrojonego w paski
Do podania gęsty jogurt naturalny lub crème fraîche

Wlej 25 g do pojemnika 2,25 l/4pt/10 filiżanek. Włącz ogrzewanie na 1 minutę. Dodaj cebulę i seler. Wymieszaj raz i gotuj na pełnym ogniu przez 5 minut. Wymieszaj curry w proszku, sherry, bulion, ryż, sól i sos sojowy. Przykryj pokrywką i gotuj na pełnym ogniu przez 10 minut, dwukrotnie mieszając. Dodaj kurczaka. Przykryj jak poprzednio i gotuj przez 6 minut. Przelewamy do miseczek i do każdej dodajemy po łyżce jogurtu lub crème fraîche.

sos vichy

Drzwi 6

Amerykański szef kuchni Louis Diat w XX wieku. Nowoczesna i zimna wersja zupy z soczewicy i ziemniaków wymyślonej na początku XX wieku.

2 szpilki
350 g ziemniaków, obranych i pokrojonych w plastry
25 g / 1 uncja / 2 łyżki masła lub margaryny
30 ml / 2 łyżki wody

/ 450ml / ¾ 2 szklanki na każde mleko
15 ml/1 łyżka mąki kukurydzianej (skrobi kukurydzianej)
150 ml/¼ pt./2/3 szklanki zimnej wody
2,5ml/łyżkę soli
150 ml/¼ łyżeczki/2/3 szklanki śmietanki (jasnej).
Drobno pokrojone herbaty do dekoracji

Pokrój warzywa, pokrój większość warzyw. Odetnij resztę i dobrze umyj. Mój gruby język Umieść ziemniaki w 2-litrowym rondlu z masłem lub margaryną i wodą. Przykryć talerzem i czterokrotnie zamieszać i gotować na pełnym ogniu przez 12 minut. Przełożyć do blendera, dodać mleko i puree. Powrót do talerza. Ostrożnie wymieszaj syrop kukurydziany i dodaj do garnka. Dopraw solą do smaku. Gotuj przez 6 minut, mieszając co minutę. Spokojnie Wymieszaj ze śmietaną. Dobrze przykryć i schłodzić. Wylej na talerze i posyp każdą porcję herbatą.

Zimna zupa ogórkowa z jogurtem

6-8 posiłków

25 g / 1 uncja / 2 łyżki masła lub margaryny
1 ząbek czosnku
1 ogórek, obrany i starty
600 ml / 1 sztuka / 2½ szklanki jogurtu naturalnego
300 ml/½ pt/1¼ szklanki mleka
150 ml/¼ pt./2/3 szklanki zimnej wody

2,5-10 ml / ½ - 2 łyżeczki soli
Pokrojony chleb do dekoracji

Umieść masło lub margarynę w pojemniku o pojemności 1,75 l/3 porcje/7½ filiżanki. Włącz ogrzewanie na 1 minutę. Zmiel czosnek i dodaj ogórek. Zamieszaj dwukrotnie i gotuj na pełnym ogniu przez 4 minuty. Wyjmij z kuchenki mikrofalowej. Wymieszaj wszystkie pozostałe składniki. Przykryj i wstaw do lodówki na kilka godzin. Ułożyć na talerzach i każdą porcję posypać bułką tartą.

Chłodzona Zupa Szpinakowa Z Jogurtem

6-8 posiłków

25 g / 1 uncja / 2 łyżki masła lub margaryny
1 ząbek czosnku
450 g małych liści szpinaku, posiekanych
600 ml / 1 sztuka / 2½ szklanki jogurtu naturalnego
300 ml/½ pt/1¼ szklanki mleka
150 ml/¼ pt./2/3 szklanki zimnej wody

2,5-10 ml / ½ - 2 łyżeczki soli

1 sok z cytryny

Orzechy włoskie lub ziemne do dekoracji

Umieść masło lub margarynę w pojemniku o pojemności 1,75 l/3 porcje/7½ filiżanki. Włącz ogrzewanie na 1 minutę. Zmiel czosnek i dodaj szpinak. Zamieszaj dwukrotnie i gotuj na pełnym ogniu przez 4 minuty. Wyjmij z kuchenki mikrofalowej. Zmiksuj na gęste puree w blenderze lub robocie kuchennym. Wymieszaj wszystkie pozostałe składniki. Przykryj i wstaw do lodówki na kilka godzin. Ułożyć na talerzach i posypać każdą porcję orzeszkami ziemnymi lub włoskimi.

Chłodzona Zupa Pomidorowa Z Szeryfem

4-5 posiłków

300 ml/½ pt/1¼ szklanki wody

300 ml/10 fl oz/1 skondensowana zupa pomidorowa

30 ml / 2 łyżki wytrawnego sherry

150 ml/¼ łyżeczki/2/3 szklanki ciężkiej (gęstej) śmietany.

5 ml/1 porcja sosu Worcestershire

Drobno pokrojone herbaty do dekoracji

Wlej wodę do rondla o pojemności 1,25 l / 2¼ pt / 5½ szklanki i gotuj przez 4-5 minut, aż się zagotuje. Dodaj sos pomidorowy. Gdy masa będzie gładka, dokładnie wymieszaj pozostałe składniki. Przykryj i wstaw do lodówki na 4-5 godzin. Mieszamy, przelewamy do szklanek i zalewamy herbatą.

Wędka z Nowej Anglii

6-8 posiłków

Zawsze podawany na niedzielny lunch w Ameryce Północnej, Clam Chowder to świetny klasyk, ale ponieważ małże nie są łatwe do zdobycia, małże zostały zastąpione.

5 pasków wieprzowiny (w plastrach), drobno posiekanej
1 duża cebula, obrana i starta
15 ml/1 łyżka mąki kukurydzianej (skrobi kukurydzianej)
30 ml / 2 łyżki zimnej wody
450 g ziemniaków, pokrojonych w kostkę 1 cm/½

900 ml / 1½ szklanki / 3¾ szklanki pełnego mleka
450 g filetów z białej ryby, obranych ze skóry i pokrojonych na małe kawałki
2,5 ml / ½ łyżeczki
Sól i świeżo mielony czarny pieprz

Umieść boczek na patelni o pojemności 2,5 kwarty / 4½ kwarty / 11 filiżanek. Dodaj cebulę i gotuj bez przykrycia przez 5 minut. Ostrożnie wymieszaj syrop kukurydziany i zamieszaj na patelni. Wmieszaj ziemniaki i połowę gorącego mleka. Zamieszaj trzy razy i gotuj na pełnym ogniu przez 6 minut. Dodaj resztę mleka i gotuj bez przykrycia przez 2 minuty. Dodaj orzechy rybne i aromat. Przykryć talerzem i gotować przez 2 minuty, aż ryba będzie miękka. (Nie martw się, jeśli ryba zacznie mięknąć.) Umieść rybę w głębokich miskach i natychmiast jedz.

zupa krabowa

nosisz 4

25g/1oz/2 łyżki niesolonego masła (słodkiego).
20 ml/4 łyżki (uniwersalnej) mąki.
300 ml / ½ pt / 1¼ szklanki podgrzanej śmietanki mlecznej
300 ml/½ pt/1¼ szklanki wody
2,5 ml/½ łyżeczki musztardy angielskiej
Trochę ostrego sosu paprykowego
25 g / 1 uncja / ¼ szklanki startego sera cedrowego

175g/6oz jasnego i ciemnego kraba
Sól i świeżo mielony czarny pieprz
45 ml / 3 łyżki wytrawnego sherry

Umieść masło w rondlu o pojemności 1,75 kwarty/3 kwarty/7½ filiżanki. Pozwól mu się stopić przez 1-1 ½ minuty. mieszać. Gotuj na wysokim poziomie przez 30 sekund. Powoli wymieszaj z mlekiem i wodą. Gotuj na dużym ogniu przez 5-6 minut, mieszając co minutę, aż będzie gładka i gęsta. Wymieszaj wszystkie pozostałe składniki. Gotować na pełnym ogniu przez 1,5 minuty, dwukrotnie mieszając, aż do wrzenia.

Zupa z kraba i cytryny

nosisz 4

Przygotuj jak zupę, ale dodaj 5 ml/1 łyżkę drobno startej skórki z cytryny do pozostałych składników. Każdą posypać pokruszonymi orzechami włoskimi.

Herbatniki z homarem

nosisz 4

Zrób jak zupę krabową, ale zastąp mleko zwykłą (lekką) śmietaną, a mięso kraba małym homarem.

Zupa z suchej paczki

Wlej zawartość słoika do pojemnika o pojemności 1,25 litra / 2¼ pt / 5½ szklanki. Należy go stopniowo mieszać w zalecanej zimnej wodzie. Pozostaw warzywa do zmięknięcia na 20 minut. Niepokojący Przykryć talerzem i gotować na dużym ogniu przez 6-8 minut, dwukrotnie mieszając, aż zupa się zagotuje i zgęstnieje. Pozostaw na 3 minuty. Wymieszaj i podawaj.

Zupy w puszkach

Wlej zupę do miarki o pojemności 1,25 litra/2¼ pt/5½ szklanki. Dodaj 1 szklankę wrzącej wody i dobrze wymieszaj. Przykryć talerzem lub talerzem i dwukrotnie mieszać przez 6-7 minut, aż zupa się zagotuje. Przełożyć do miseczek i podawać.

Podgrzej zupy

Aby uzyskać najlepsze rezultaty, podgrzewaj lekkie lub rzadkie zupy, jednocześnie gotując pełne, kremowe zupy i gulasze.

Podgrzej jajka do gotowania

Jeśli zdecydujesz się gotować w ostatniej chwili i potrzebujesz jajek w temperaturze pokojowej.

Na 1 jajko: Wbij jajka do miski lub małej miski. Żółtko nakłuć dwukrotnie nożem lub czubkiem noża, aby nie uszkodzić skórki i nie popękać żółtka. Przykryj talerz lub miskę talerzem. Podgrzewaj przez 30 sekund.

Na 2 jajka: Około 1 jajka, ale ciepłe w 30-45 sekund.

Na 3 jajka: Gotuj przez 1-1¼ minuty na jedno jajko.

Jajka sadzone

Są przygotowywane osobno we własnych potrawach.

Na 1 jajko: Wlej 90 ml/6 łyżek ciepłej wody do płytkiej miski. Dodaj 2,5 ml / łyżkę stołową jasnego octu, aby zapobiec łuszczeniu. Ostrożnie ubij 1 jajko w pierwszej misce. Nakłuć żółtko dwa razy nożem lub widelcem. Przykryj talerzem i gotuj do całkowitego ugotowania, od 45 sekund do 1¼ minuty, w zależności od tego, jak lubisz białka. Usiądź przez 1 minutę. Zdjąć z talerza krajalnicą do ryb z otworami.

2 jajka przygotowane w tym samym czasie na dwa sposoby: Gotuj przez pełne półtorej minuty. Pozostaw na 1¼ minuty. Jeśli białka są zbyt rzadkie, gotuj przez kolejne 15-20 sekund.

3 sposoby na 3 jajka ugotowane naraz: Gotuj przez 2-2 i pół minuty. Pozostaw na 2 minuty. Jeśli białka są zbyt rzadkie, gotuj przez kolejne 20-30 sekund.

Jajka na twardo (smażone).

Kuchenka mikrofalowa działa tutaj naprawdę dobrze, a jajka wychodzą miękkie i puszyste, zawsze słoneczną stroną do góry iz białą smugą, która nigdy się nie schodzi. Nie zaleca się smażenia więcej niż 2 jajek na raz, ponieważ żółtka gotują się szybciej niż białka i staną się twarde. Ze względu na dłuższy czas gotowania wymagany do zestalenia białek. Użyj nieozdobionej porcelany lub ceramiki, jak we Francji.

Na 1 jajko: Lekko nasmaruj małą porcelanową lub glinianą miskę roztopionym masłem, margaryną lub oliwą z oliwek z pierwszego tłoczenia. Rozbij jajka w misce, a następnie ugotuj je na patelni. Nakłuć żółtko dwa razy nożem lub widelcem. Doprawiamy solą i świeżo zmielonym czarnym pieprzem. Przykryć talerzem i gotować przez 30 sekund. Usiądź przez 1 minutę. Kontynuuj gotowanie przez kolejne 15-20 sekund. Jeśli białka nie są wystarczająco ścięte, gotuj przez kolejne 5-10 sekund.

Na 2 jajka: Jeśli chodzi o 1 jajko, najpierw gotuj je całkowicie przez 1 minutę, następnie pozostaw na 1 minutę. Gotuj przez kolejne 20-40 sekund. Odczekaj kolejne 6-8 sekund, jeśli białka są zbyt sztywne.

Parada fajek

nosisz 4

30 ml / 2 łyżki oliwy z oliwek
3 cebule, bardzo cienko pokrojone
2 zielone papryki (olej), usunąć nasiona i pokroić w cienkie plasterki
6 obranych, wypestkowanych i pokrojonych pomidorów
15 ml / 1 łyżka posiekanych listków bazylii
Sól i świeżo mielony czarny pieprz
6 dużych jaj
60 ml / 4 łyżki śmietanki kremówki (gęstej).
Zrób toast i podawaj

Wlej olej na patelnię o głębokości 25 cm/10 i podgrzewaj bez przykrycia przez 1 minutę. Wymieszaj cebulę i pieprz. Przykryć talerzem i piec przez 12-14 minut, aż warzywa będą miękkie. Dodaj pomidory, bazylię i dopraw do smaku. Przykryj jak poprzednio i gotuj przez 3 minuty. Dobrze ubij jajka i śmietanę i posmakuj. Włóż do garnka i wymieszaj z warzywami. Gotuj na dużym ogniu przez 4-5 minut, mieszając co minutę, aż składniki się lekko połączą. Przykryć i odstawić na 3 minuty przed podaniem z chlebem tostowym.

Czarny pieprz z baleronem

nosisz 4

Przygotuj jak Piperade, ale umieść łyżkę na wierzchu każdego plasterka tostowanej (sos) i grillowanej (pieczonej) lub mikrofalowej szynki.

Parada fajek

nosisz 4

gatunek hiszpańskiej pepperady.

Przygotuj jak Piperade, ale dodaj 2 ząbki czosnku z cebulą i zieloną papryką (olej) i dodaj 125g/1 szklanka posiekanej natki pietruszki do gotowanych warzyw. Każdą porcję udekoruj plasterkiem oliwki.

Jaja po florencku

nosisz 4

450 g świeżego szpinaku
60 ml / 4 łyżki śmietanki kremówki
Smaż 4 jajka, 2 na raz
300 ml / ½ szt / 1 ¼ szklanki sosu serowego lub sosu na ciepło
50 g / 2 uncje / ½ szklanki startego sera

Zmiksuj szpinak i śmietanę w robocie kuchennym lub blenderze. Umieścić w naczyniu do pieczenia o średnicy 18 cm. Przykryć talerzem i gotować na dużym ogniu przez 1,5 minuty. Połóż jajka na wierzchu i polej gorącym sosem. Posypać serem i zrumienić na rozgrzanym grillu.

Jajko Rossiniego

Sekcje 1

Tworzy miły mały posiłek z sałatką liściastą.

Kromki chleba razowego powinny być smażone (sos) lub opiekane.
Na wierzchu dodaj trochę dodatkowej pasty z wątróbki, jeśli ją masz.
Podawaj od razu ze świeżo ugotowanym jajkiem.

Tak

nosisz 4

Izraelski pomysł, który działa w kuchence mikrofalowej. Zapach jest dziwny.

750 g słodkiego (bakłażana)
15 ml/1 łyżka soku z cytryny
15 ml / 1 łyżka oleju kukurydzianego lub słonecznikowego
2 cebule, cienko pokrojone

2 ząbki czosnku, drobno posiekane
4 duże jajka
60 ml / 4 łyżki mleka
Sól i świeżo mielony czarny pieprz
Ciepły chleb z masłem do podania

Wlej jajko na wierzch i przekrój wzdłuż na pół. Ułożyć przekrojoną częścią do dołu na dużym talerzu i przykryć papierem kuchennym. Gotuj przez 8-9 minut lub do miękkości. Zmiksuj mięso bezpośrednio ze skóry w robocie kuchennym z sokiem z cytryny i zmiksuj na gęste puree. Umieść olej w rondlu o pojemności 1,5 l/2½ pt/6 filiżanek. Pełne ciepło i bez przykrycia przez 30 sekund. Wymieszaj cebulę i czosnek. Gotuj na pełnym ogniu przez 5 minut. Jajka dobrze ubić z mlekiem i przyprawami. Wlać do garnka i gotować z cebulą i czosnkiem przez 30 minut, mieszając co 30 sekund. Wymieszaj cebulę z czosnkiem i dodaj puree ziemniaczane. Kontynuuj gotowanie przez 3-4 minuty, mieszając co 30 sekund, aż mieszanina zgęstnieje, a jajka zostaną włączone. Podawać na ciepłym pieczywie z masłem.

Klasyczny omlet

Rozdział 1

Tortilla o lekkiej konsystencji, która może być gładka lub z nadzieniem.

Roztopione masło lub margaryna
3 jajka
20 ml / 4 łyżeczki soli
Nowa lokalizacja to Black Pepper
30 ml / 2 łyżki zimnej wody
Natka pietruszki lub rukiew wodna do dekoracji

Tortownicę o średnicy 20 cm wysmarować roztopionym masłem lub margaryną. Dobrze ubij jajka ze wszystkimi składnikami oprócz dekoracji. (Nie wystarczy lekko rozbić jajek jak w zwykłych omletach.) Wlać do miski, przykryć talerzem i wstawić do kuchenki mikrofalowej. Doprowadzić do wrzenia przez 1 ½ minuty. Otwórz mieszankę jajeczną drewnianą łyżką lub widelcem i przenieś częściowo zestalone krawędzie na środek. Przykryj jak poprzednio i włóż z powrotem do kuchenki mikrofalowej. Doprowadzić do wrzenia przez 1 ½ minuty. Kontynuuj gotowanie przez 30-60 sekund lub do momentu ustawienia góry. Złóż trzy i przenieś na ciepły talerz. Udekoruj i natychmiast podawaj.

Pyszne tortille

Rozdział 1

Omlet z pietruszką: Przygotować jak klasyczny omlet, ale po ugotowaniu jajek przez pierwsze 1,5 minuty posypać 30 ml / 2 łyżkami posiekanej natki pietruszki.

Tortilla z łyżką: Przygotuj jak klasyczny omlet, ale po pierwszych 1,5 minutach gotowania posyp jajka 30 ml / 2 łyżkami mielonej herbaty.

Butelka wody: Przygotuj jak klasyczną tortillę, ale po pierwszych 1,5 minutach gotowania posyp jajka 30 ml / 2 łyżkami siekanej wody.

Omlet z dobrymi ziołami: Przygotować jak klasyczny omlet, ale po ugotowaniu jajek przez pierwsze 1,5 minuty posypać 45 ml / 3 łyżki posiekanej mieszanki pietruszki, pietruszki i bazylii. Możesz dodać świeżego estragonu.

Tortilla Curry z Kolendrą: Przygotować jak klasyczny omlet, ale oprócz jajek oraz soli i pieprzu wymieszać z 5-10 ml / 1-2 łyżkami curry w proszku. Po ugotowaniu omletu przez pierwsze 1,5 minuty posyp jajka 30 ml/2 łyżki posiekanej kolendry.

Omlet z serem i musztardą: Przygotowuje się go jak klasyczny omlet, ale jajka i wodę ubijamy z solą i pieprzem, 5 ml / 1 łyżka przygotowanej musztardy i 30 ml / 2 łyżki startego twardego sera.

Omlet na śniadanie

Rozdziały 1-2

Omlet z Ameryki Północnej jest zwykle podawany na niedzielny lunch. Śniadanie może być słodkie i sycące jak omlet.

Przygotuj jak klasyczny omlet, ale zastąp 30 ml/2 łyżki wody 45 ml/3 łyżki zimnego mleka. Po otwarciu gotować przez 1-1 ½ minuty. Złożyć na trzy części i ostrożnie zsunąć na talerz.

Jajka w koszulkach z topionym serem

Rozdział 1

1 kromka grzanki z ciepłym masłem
45 ml / 3 łyżki twarogu
Ketchup Pomidorowy (kot)
1 ikra
60-75ml / 4-5 łyżek startego sera
pieprz

Rozłóż serek na toście, a następnie ketchup pomidorowy. Połóż to na talerzu. Na wierzch ułożyć jajko w koszulce, posypać startym serem i posypać papryką. Topić przez 1-1 ½ minuty, aż ser zacznie się topić. Zjedz natychmiast.

Jaja Benedykta

Rozdziały 1-2

Niedzielny obiad w Ameryce Północnej nie byłby kompletny bez jajek po benedyktyńsku, które łamią wszelkie ograniczenia dotyczące kalorii i cholesterolu.

Umieścić w garnku lub misce i opiekać. Na wierzchu połóż lekko grillowaną wieprzowinę, a następnie połówkę świeżego jajka. Posmarować sosem holenderskim, a następnie posypać lekko papryką. Zjedz natychmiast.

Omlet Arnolda Bennetta

Usługi 2

Podobno stworzony przez szefa kuchni hotelu Savoy w Londynie na cześć słynnego autora, to niezapomniany omlet na wielkie dni i uroczystości.

175 g fileta z plamiaka lub wędzonego dorsza
45 ml/3 łyżki wrzącej wody
120 ml/4 fl oz/½ szklanki świeżej śmietanki
Nowa lokalizacja to Black Pepper
Roztopione masło lub margaryna do posmarowania
3 jajka
45 ml / 3 łyżki zimnego mleka
Szczypta soli
50 g / 2 uncje / ½ szklanki kolorowego cheddara lub czerwonego sera Leicester, startego

Umieść rybę w płytkiej wodzie. Przykryć talerzem i gotować przez 5 minut. Pozostaw na 2 minuty. Odcedź miąższ widelcem i odsącz. Podawać ze świeżą śmietaną i doprawić pieprzem. Formę o średnicy 20 cm wysmarować stopionym masłem lub margaryną. Dobrze ubij jajka z mlekiem i solą. Talerz się rozlewa. Przykryć talerzem i gotować przez 3 minuty, przesuwając brzegi w połowie czasu gotowania. Włącz Full i gotuj przez kolejne 30 sekund. Posmarować mieszanką kremu rybnego i posypać serem. Gotuj na dużym ogniu przez 1-1 ½ minuty, aż tortilla się podgrzeje, a ser się rozpuści. Podziel na dwie porcje i podawaj od razu.

Tortilla

Usługi 2

Słynna hiszpańska tortilla jest okrągła i płaska jak naleśnik. Dobrze komponuje się z tostami lub chlebem i lekką zieloną sałatą.

15 ml / 1 łyżka masła, margaryny lub oliwy z oliwek
1 cebula, cienko pokrojona
175 g ugotowanych ziemniaków pokrojonych w kostkę
3 jajka
5 ml/1 porcja soli
30 ml / 2 łyżki zimnej wody

Umieść masło, margarynę lub olej w naczyniu o głębokości 20/8 cm i podgrzewaj przez 30-45 sekund. Mieszamy z cebulą. Przykryj talerzem i pozwól Tine gotować przez 2 minuty. Wymieszaj ziemniaki. Przykryj jak poprzednio i gotuj przez pełną minutę. Wyjmij z kuchenki mikrofalowej. Dobrze ubij jajka solą i wodą. Rzuć równomiernie cebulę i ziemniaki. Gotuj na pełnym ogniu przez 4,5 minuty, raz obracając patelnię. Odstaw na 1 minutę, następnie przekrój na pół i umieść każdy kawałek na talerzu. Zjedz natychmiast.

Hiszpańska tortilla z mieszanką warzyw

Usługi 2

30 ml / 2 łyżki masła, margaryny lub oliwy z oliwek

1 cebula, cienko pokrojona

2 pomidory, obrane i pokrojone w plasterki

½ małej zielonej lub czerwonej papryki, cienko pokrojonej

3 jajka

5-7,5 ml / 1-1 łyżeczka soli

30 ml / 2 łyżki zimnej wody

Umieść masło, margarynę lub olej w naczyniu o głębokości 20 cm. Podgrzewaj przez półtorej minuty. Wymieszaj cebulę, pomidor i posiekaną paprykę. Przykryć talerzem i piec przez 6-7 minut do miękkości. Dobrze ubij jajka solą i wodą. Wylać równomiernie na warzywa. Przykryj talerzem i gotuj przez 5-6 minut, aż jajka się zetną, obracając raz patelnię. Podziel na dwie części i umieść każdą na talerzu. Zjedz natychmiast.

Hiszpańska tortilla z szynką

Usługi 2

Z mieszanych warzyw zrób omlet, ale dodaj do warzyw 60 ml/4 łyżki posiekanej suchej szynki hiszpańskiej i 1-2 ząbki czosnku i gotuj przez kolejne 30 sekund.

Serowe Jajka W Sosie Selerowym

nosisz 4

Szybki posiłek na obiad lub kolację, który jest świetnym posiłkiem dla wegetarian.

6 jajek na twardo (na twardo), obranych ze skorupek i przekrojonych na pół

300 ml/10 fl oz/1 szklanka skondensowanej zupy selerowej

45 ml / 3 łyżki śmietany

175 g / 6 uncji / 1 ½ szklanki startego sera cheddar

30 ml / 2 łyżki drobno posiekanej natki pietruszki

Sól i świeżo mielony czarny pieprz

15 ml/1 łyżka bułki tartej

2,5 ml/½ łyżeczki papryki

Umieść połowę jajka na głębokości 20 cm. Ostrożnie wymieszaj zupę i mleko w osobnej misce lub na talerzu. Podgrzewać przez 4 minuty, mieszając co minutę. Wymieszaj połowę sera i podgrzewaj, aż się rozpuści, 1-1 1/2 minuty. Wymieszaj z natką pietruszki do smaku, a następnie posyp jajkami. Posypać pozostałym serem, bułką tartą i papryką. Przed podaniem zrumienić pod gorącym grillem.

Fu unung jaja

Usługi 2

5 ml / 1 łyżka masła, margaryny lub oleju kukurydzianego
1 cebula, cienko pokrojona
30 ml / 2 łyżki ugotowanej ciecierzycy
30 ml / 2 łyżki fasoli ugotowanej lub z puszki
125 g pokrojonych pieczarek
3 duże jajka
2,5ml/łyżkę soli
30 ml / 2 łyżki zimnej wody
5 ml/1 sos sojowy
4 cebule (szalotki), pokrojone w cienkie plasterki

Umieść masło, margarynę lub olej w naczyniu o głębokości 20 cm / 8 cm i pozostaw makaron odkryty na 1 minutę. Mieszamy z posiekaną cebulą, przykrywamy talerzem i smażymy 2 minuty. Wymieszać z ciecierzycą, kiełkami fasoli i grzybami. Przykryj jak poprzednio i gotuj przez 1,5 minuty. Wyjmij z kuchenki mikrofalowej i powinno być gotowe. Dobrze ubij jajka z solą, wodą i sosem sojowym. Wylać równomiernie na warzywa. Smaż przez 5 minut, dwukrotnie obracając. Usiądź przez 1 minutę. Przekrój na pół i umieść każdy na ciepłym talerzu. Udekoruj cebulą i podawaj od razu.

Omlet z pizzą

Usługi 2

Nowa płaska tortilla zamiast ciasta drożdżowego.

15 ml/1 łyżka oliwy z oliwek
3 duże jajka
45ml/3 łyżki mleka
2,5ml/łyżkę soli
4 pomidory, obrane, pozbawione nasion i pokrojone w plasterki
125 g/4 oz/1 szklanka sera mozzarella
Olej w 8 puszkach
8-12 jasnych czarnych oliwek

Wlej olej na patelnię o głębokości 20 cm i podgrzewaj makaron przez 1 minutę na średnim ogniu. Dobrze ubij jajka z mlekiem i solą. Wlać do garnka i przykryć pokrywką. Umieść zaznaczone krawędzie na środku patelni i smaż przez 3 minuty. Włącz Full i gotuj przez kolejne 30 sekund. Posmarować pomidorami i serem, udekorować anchois i oliwkami. Smaż przez 4 minuty, dwukrotnie obracając. Przekroić na pół i podawać od razu.

Omlet z mlekiem

nosisz 4

1 nowy dywan, wyprany i pokrojony w 8-calowe plastry
30 ml / 2 łyżki octu słodowego
3 marchewki, cienko pokrojone
3 cebule, cienko pokrojone
600 ml/porcję 1/2 ½ szklanki wrzącej wody
10-15ml / 2-3 łyżki soli

Umyj karpia, a następnie namocz w zimnej wodzie z taką ilością octu, aby zakrył rybę. (To usunie błotnisty smak.) Umieścić w naczyniu o średnicy 23 cm/głębokości 9 cali razem z sałatą i cebulą, razem z wrzącą wodą i solą. Przykryć folią spożywczą (plastik), aby umożliwić ujście pary i przekroić na pół. Gotuj przez 20 minut, obracając garnek cztery razy. Odcedź, zachowaj płyn. (Warzywa można wykorzystać w innym miejscu w zupie rybnej lub należy je poddusić.) Wlej płyn do garnka. Umieść namiot w jednej warstwie. Przykryj jak poprzednio i gotuj przez 8 minut, dwukrotnie obracając patelnię. Pozostaw na 3 minuty. Za pomocą noża do ryb pokrój matę w płaską miskę. Przykryć i schłodzić. Przelej płyn do słoiczka i lekko ostudź, aż stanie się galaretowaty. Galaretką polać rybę i podawać.

Rumops z Erykiem

nosisz 4

75 g suszonych moreli
150 ml/¼ pt./2/3 szklanki zimnej wody
Kupiłem bułkę z 3 plasterkami cebuli
150g/5 uncji/2/3 szklanki świeżej śmietanki
Mieszane liście sałaty
Liść

Umyj śliwki i pokrój je na małe kawałki. Umieść w misce z zimną wodą. Przykryj pokrywką i gotuj przez 5 minut. Pozostaw na 5 minut. rysować Mopy rolkowe pokroić w paski. Do śliwek dodać cebulę i crème fraîche. Dobrze wymieszaj. Przykryć i wstawić do lodówki na 4-5 godzin do marynowania. Podawać na liściach sałaty z grzankami z chleba.

Kiper gotowany

Rozdział 1

Kuchenka mikrofalowa zapobiega przedostawaniu się zapachów do domu i sprawia, że śledzie są soczyste i delikatne.

1 nielakierowany śledź, ok. 450g
120 ml/½ szklanki zimnej wody
Czosnek lub margaryna

Odetnij kapelusz i rzuć ogonem. Umieścić kilka razy w zimnej wodzie na 3-4 godziny, aby zredukować sól, w razie potrzeby odcedzić. Umieść w dużej, płytkiej misce z wodą. Przykryć folią spożywczą (plastik), aby umożliwić ujście pary i przekroić na pół. Gotuj przez 4 minuty. Podawać na gorącym talerzu z odrobiną masła lub margaryny.

Krewetki Madrasah

nosisz 4

25 g/1 uncja/2 łyżki stołowe lub 15 ml/1 łyżka oleju arachidowego

2 cebule, posiekane

2 ząbki czosnku, drobno posiekane

15 ml/1 łyżka ostrego curry w proszku

5 ml / 1 łyżka stołowa

5 ml / 1 łyżeczka garam masali

Sok z 1 małej limonki

150 ml/¼ pt/2/3 szklanki bulionu rybnego lub warzywnego

30 ml / 2 łyżki przecieru pomidorowego (pasta)

60 ml / 4 łyżki sułtanek (złote rodzynki)

450 g/1 lb/4 szklanki krewetek w skorupkach (krewetki), zamrożonych lub rozmrożonych

175 g/6 uncji/¾ szklanki długo gotowanego ryżu

kopuły popowe

Umieść ghee lub olej w misce o głębokości 20 cm. Włącz ogrzewanie na 1 minutę. Dobrze wymieszaj cebulę i czosnek. Gotuj na pełnym ogniu przez 3 minuty. Dodaj curry, kminek, garam masala i sok z cytryny. Zamieszaj dwukrotnie i gotuj na pełnym ogniu przez 3 minuty. Dodaj zupę, przecier pomidorowy i sól. Przykryj blachą do pieczenia i gotuj przez 5 minut. W razie potrzeby odcedź krewetki, dodaj na patelnię i wymieszaj. Gotuj na dużym ogniu przez półtorej minuty. Podawać z ryżem i sosem.

Jest gotowany z sosem martini

nosisz 4

8 plastrów po 175 g, umytych i wysuszonych
Sól i świeżo mielony czarny pieprz
1 sok z cytryny
2,5 ml/łyżkę sosu Worcestershire
25 g / 1 uncja / 2 łyżki masła lub margaryny
4 czyste, jasne i naprawy
100 g/3½ uncji/1 szklanka gotowanej szynki, pokrojonej w plastry
400 g pieczarek pokrojonych w cienkie plasterki
20 ml/4 części mąki kukurydzianej (skrobia kukurydziana)
20 ml/4 części zimnego mleka
250 ml/8 fl oz/1 szklanka bulionu z kurczaka
150 g/¼ szklanki/2/3 szklanki śmietanki (jasnej).
2,5 ml / ½ łyżeczki cukru trzcinowego (drobny).
1,5 ml/¼ łyżeczki kurkumy
10 ml/2 części bianco martini

Rybę doprawiamy solą i pieprzem. Marynować w soku z cytryny i sosie Worcestershire przez 15-20 minut. W rondelku roztapiamy masło lub margarynę. Dodaj nasiona i smaż, aż będą miękkie i przezroczyste (sos). Dodaj szynkę i pieczarki i gotuj przez 7 minut. Kukurydzę wymieszać z zimnym mlekiem i dodać pozostałe składniki. Napełnij bąbelki i przykryj patyczkami koktajlowymi (wykałaczkami). Umieścić w głębokiej misce o średnicy 20 cm. Posmarować mieszanką pieczarek. Przykryć folią spożywczą (plastik), aby umożliwić ujście pary i przekroić na pół. Gotuj przez 10 minut.

www.ingramcontent.com/pod-product-compliance
Lightning Source LLC
Chambersburg PA
CBHW070420120526
44590CB00014B/1466